Kurt Koch

Die Kirche Gottes

Kurt Koch entwirft in diesem grundlegenden Standardwerk über die Kirche die Vision einer „verinnerlichten und vereinfachten Kirche", die ihrem Wesen nach ganz „Volk Gottes" und zugleich „Leib Christi" ist und Heimat sein kann für die vereinsamten Menschen unserer Zeit.
Ein Wegweiser für jeden, der die Kirche wirklich verstehen will.

ISBN: 978-3-86744-023-3
Geb., 288 Seiten

www.sankt-ulrich-verlag.de Sankt Ulrich Verlag

Kurt Kardinal Koch

Entweltlichung

und andere Versuche,
das Christliche zu retten

Kurt Kardinal Koch

Entweltlichung

und andere Versuche,
das Christliche zu retten

Sankt Ulrich Verlag

Bibliographische Information der Deutschen Bibliothek

Die Deutsche Bibliothek verzeichnet diese Publikation in der
Deutschen Nationalbibliographie; detaillierte bibliographische Daten
sind im Internet über http://dnb.ddb.de abrufbar.

© 2012 by Sankt Ulrich Verlag GmbH, Augsburg
Alle Rechte vorbehalten
Titelbild: © AK-DigiArt / fotolia
Umschlaggestaltung: Sankt Ulrich Verlag GmbH, Augsburg
Druck und Bindung: CPI BOOKS / Ebner & Spiegel, Ulm
Printed in Germany
ISBN 978-3-86744-218-3
www.sankt-ulrich-verlag.de

Inhalt

Vorwort 7

Erster Teil:
Entweltlichung als Leitmotiv einer Kirchenreform 13
1. Kirche in der Welt, aber nicht von der Welt 14
2. Angleichung ja, aber an wen? 17
3. Entweltlichung als Antwort auf einen epochalen Wandel 20
4. Glaubenskrise, die an den Kern rührt 23
5. Neuevangelisierung und Zentralität Gottes 27

Zweiter Teil:
Von der Kunst, anders zu leben 31
1. In übergroßer Erwartung leben 31
2. Sehnsucht wecken 36
3. Geistlich leben 41
4. In vielen Sprachen einander verstehen 45
5. Nach Hause gehen 50
6. An einen konkreten Gott glauben 56
7. Den Glauben bekennen 60
8. Gottes Licht hereinscheinen lassen 64
9. Auch Nein sagen können 70
10. Als Getaufte leben 75
11. Mit Christus verbunden bleiben 79
12. Die Gegenwart Jesu Christi feiern 84
13. Auf die Wahrheit nicht verzichten 88
14. Priester in einer adventlichen Kirche sein 93
15. An der Eucharistie festhalten 97

16. Gott nicht beiseiteschieben 102
17. Maß halten 106
18. Den Glauben neu verkünden 111
19. Dem Ruf zur Heiligkeit folgen 116
20. Christus nicht von seiner Kirche trennen 121
21. Gott in der Mitte Raum geben 126
22. Stimme für das Wort Gottes sein 132

Dritter Teil:
Dienst am Wort Gottes als Herzmitte der neuen Evangelisierung 139
1. Primat des Evangeliums in der Kirche 139
2. Pastorale Herausforderung zur Verkündigung des Wortes Gottes 141
3. Biblische Kunde von einem sprechenden Gott 145
4. Verkündigungsauftrag des geweihten Amtes in der Kirche 167

Anmerkungen 181

Vorwort

Im Juli 2010 hat mich Papst Benedikt XVI. zum Präsidenten des Päpstlichen Rates zur Förderung der Einheit der Christen berufen. Seither lebe und arbeite ich in Rom, dem Herzen der universalen Kirche. Meine Heimat habe ich nicht vergessen, vor allem nicht die Jahre seit 1995, als ich im Bistum Basel in bischöfliche Verantwortung gerufen wurde. Aber ich betrachte diese Zeit und das kirchliche Umfeld, in dem ich wirkte, nun aus einem anderen und vor allem größeren Blickwinkel heraus. Denn die römisch-katholische Kirche ist umfassender, vielfarbiger und in mancher Hinsicht auch lebendiger, als ich sie in früheren Jahren erlebte.

In der weltweiten Kirche und auch hier in Rom erfahre ich eine Kirche im Aufbruch. „Neue Evangelisierung" heißt das Stichwort, das viele bewegt und elektrisiert. Das „Jahr des Glaubens" steht vor der Türe. Es wird eine entscheidende Wegstrecke im Leben der Kirche, auch und gerade für die Ortskirchen in der westlichen Welt sein. Denn die große Frage, die sich heute stellt, kann nur heißen, ob es auch den Ortskirchen in der westlichen Welt gelingen wird, den Anschluss an den großen Strom des kirchlichen Lebens in der weiten Welt zu finden und auch von lebendigen Kirchen in der sogenannten Dritten Welt zu lernen, oder ob sie der Gefahr der bürgerlichen Anpassung an die sogenannte „Welt" und einer daraus folgenden kraftlos werdenden Lethargie erliegen.

Angesichts dieser großen Herausforderung hat Papst Benedikt XVI. auch und vor allem den Ortskirchen in der westlichen Welt einen Weg zu einem klareren kirchlichen Profil und zu einem erneuerten Zeugnis für den lebendigen Gott gewiesen. Seine Empfehlung lautet, dass die Kirche in der heutigen Zeit wiederum eine Entweltlichung braucht, freilich nicht, um sich aus der Welt zurückzuziehen und sich von ihr zu verabschieden, sondern um ihre Weltverantwortung evangeliumsgemäßer wahrzunehmen und in diesem Sinn für die Welt wieder wichtig zu werden. Oder, wie Papst Benedikt XVI. unlängst bei seinem Besuch im Päpstlichen Römischen Priesterseminar hervorgehoben hat, Entweltlichung der Kirche bedeute nicht, „dass wir aus der Welt fliehen wollen, dass uns die Welt nicht interessiert"; „im Gegenteil, wir wollen uns selbst verwandeln und uns verwandeln lassen und so die Welt verwandeln".

Worin besteht die Weltverantwortung der Kirche? „Das Evangelium von der Gnade Gottes bezeugen" (Apg 20,24): Mit diesen Worten fasst der Apostel Paulus seine Sendung zusammen, die ihm gemäß seiner eigenen Überzeugung von Jesus Christus übertragen worden ist. Dieser Dienst ist ihm so wichtig gewesen, dass er alle Vorsorge dafür getroffen hat, dass er auch nach seinem Tod weitergehen wird. Im Wissen darum, dass die Zeit gekommen ist, nach Jerusalem zu gehen, und in der Vorahnung, dass er von dort nie mehr zurückkehren wird, hat er in Milet die Ältesten zu sich gerufen, um ihnen in einer förmlichen Weise die Kirche zu übergeben und ihnen in einer geradezu beschwörenden Weise seine Verantwortung zur Verkündigung des Evangeliums zu übertragen: „Gebt acht auf euch und auf die ganze Herde, in der euch der Heilige Geist zu Bischöfen bestellt hat, damit ihr als Hirten für die Kirche Gottes sorgt, die er sich durch das Blut seines eigenen Sohnes erworben hat" (Apg 20,28).

In der Abschiedsrede des Paulus in Milet an die Presbyter von Ephesus, die wie eine Art Testament gestaltet ist, wird sichtbar, dass auch die Bischöfe als Nachfolger der Apostel in besonderer Weise mit der Verkündigung des Evangeliums beauftragt sind. Diese Dienstanweisung hat das Zweite Vatikanische Konzil übernommen, indem es das Bischofsamt von seiner Verpflichtung zur Verkündigung des Wortes Gottes her definiert: Der Bischof ist in erster Linie Verkünder des Evangeliums und in diesem elementaren Sinn Evangelist. Er hat deshalb vor allem dafür zu sorgen, dass das Evangelium Jesu Christi die Ohren und vor allem die Herzen der Menschen, die in dem ihm anvertrauten Bistum leben, erreichen kann. Der besonderen Verantwortung für das Vorankommen der neuen Evangelisierung sind vor allem die Reflexionen im dritten Teil des vorliegenden Buches gewidmet.

Eine spezifische Weise der Verkündigung sind die sogenannten Hirtenbriefe, mit denen sich ein Bischof an die Glaubenden in seinem Bistum adressieren kann. Solche Hirtenworte aus der Zeit, in der ich Bischof von Basel gewesen bin, sind im vorliegenden Buch im zweiten Teil versammelt, wobei ich die Texte von zeitbedingten Elementen befreit und im Blick auf den großen Auftrag einer neuen Evangelisierung aktualisiert habe. Mir war es dabei vor allem darum zu tun, die elementaren Geheimnisse des christlichen Glaubens in ihrer unverbrauchten Schönheit neu zum Leuchten zu bringen. Dazu boten die Zeit der Vorbereitung auf das große Jubiläum im Jahre 2000 und der Beginn des neuen Jahrtausends vielfältige Gelegenheit. Bei der Themenwahl für die Hirtenbriefe bin ich bewusst dem Rhythmus gefolgt, den Papst Johannes Paul II. mit seinen wegweisenden Apostolischen Schreiben *Tertio millennio adveniente* im Jahre 1994 und *Novo millennio ineunte* im Jahre 2001 vorgezeichnet hat. Um dieses Anliegen auch nach Abschluss des Jubiläumsjahres weiterzuführen und um die Besinnung auf die Fundamente des christlichen Glaubens zu vertiefen, habe ich im Bistum Basel das Projekt „Als Getaufte leben" durchgeführt. Die prophetischen Impulse, die Papst Johannes Paul II. der Kirche geschenkt hat, sollten wir nicht vergessen. Denn was in der heutigen Situation der Kirche an Neuevangelisierung und Entweltlichung ansteht, ist bereits in der Art und Weise angelegt, mit der Papst Johannes Paul II. die Kirche wieder zur Sache gerufen hat.

Als ich die Hirtenbriefe aus der zeitlichen Distanz einer *Relecture* unterzog, entdeckte ich, dass sie sich zusammen mit meinen weiterführenden Überlegungen zu einer kleinen Summe von Katechesen zu den wichtigsten Themen des christlichen Glaubens zusammenfügen, zumal sie alle um das eine Anliegen kreisen, das ich im ersten Teil des vorliegenden Buches zusammenfassend skizziert habe: der Kirche heute durch ein kraftvolles Zeugnis des Evangeliums jene Freiheit neu zu vermitteln, die sie für ihren Auftrag in der Welt braucht. *Aggiornamento* also nicht als Anpassung an die Welt, sondern als evangelische Wegweisung für die Welt ist die unabdingbare Voraussetzung jeder Erneuerung der Kirche.

Man dürfte den im vorliegenden Buch versammelten Texten anmerken, dass sie Zeugnisse des Ringens in einer für die Kirche schwierigen Zeit sind. Solche Zeiten sind freilich nichts Neues in der Geschichte der Kirche. Bereits in seiner Zeit schrieb Paulus an die Gemeinde von Thessalonich: „Ihr habt das Wort trotz großer Bedrängnis mit der Freude aufgenommen, die der Heilige Geist schenkt" (1 Thess 1,6b). Die Freude am Evangelium lebt „trotz großer Bedrängnis" – damals wie heute. Auch heute sind in der Kirche Ereignisse und Vorkommnisse festzustellen, die einem die Freude nehmen könnten. Doch wenn wir genauer zusehen, wäre die Freude, die uns dann abhanden käme, gewiss nicht die Freude des Glaubens, sondern die Freude, die wir uns selbst zu bereiten versuchen. Aus Erfahrung wissen wir aber, dass selbst produzierte Freude es höchstens zur Fröhlichkeit bringt, die selten lange Bestand hat. Die Freude hingegen, um die es im christlichen Glauben geht, ist jene Freude, die Gott an uns hat, oder, wie Paulus sagt, jene Freude, die der Heilige Geist freisetzt. Die vom Geist geschenkte Freude ist so sehr das Erkennungszeichen des Glaubens, dass man als Kriterium für die heute so notwendige Unterscheidung der Geister formulieren kann: Überall dort, wo – auch und gerade in der Kirche – Freudlosigkeit und deprimierte Aufgebrachtheit herrschen, ist der Geist Jesu Christi gewiss nicht am Werk. Dort wirkt vielmehr der manchmal so freudlos gewordene Zeitgeist. Die wahre Freude hat demgegenüber ihren Grund in einem Wort, von dem Paulus sagt, dass wir es aufnehmen sollen, weil es wahr ist.

Freude und Wahrheit reimen sich nicht nur gut aufeinander, sie potenzieren sich vielmehr gegenseitig, wie der französische Dichter Paul Claudel tiefsinnig erkannt hat: „Wo die meiste Wahrheit ist, ist auch die meiste Freude." In der Wahrheit des Glaubens wurzelt die Freude, die die Frucht der Begegnung mit dem Wort Gottes ist. Wer mit der Verkündigung des Evangeliums beauftragt ist, kann deshalb nur ein glaubwürdiger Künder des Wortes Gottes sein, wenn er sich auch als Diener der Freude erweist und bewährt, und zwar jener Freude, die ihren tiefsten Grund im Wort Gottes hat, wie Paulus unmissverständlich betont: „Wir wollen ja nicht Herren über euren Glauben sein, sondern wir sind Helfer zu eurer Freude; denn im Glauben seid ihr fest verwurzelt" (2 Kor 1,24).

Das vorliegende Buch darf ich dem Leser und der Leserin in der Hoffnung übergeben, dass es einen kleinen Dienst an der Freude des Glaubens zu erfüllen vermag und sich mein eigenes Ringen um eine profilierte Gestalt der Kirche in der heutigen postmodernen Situation mit dem Ringen so vieler Glieder der Kirche verbinden kann, damit aus ihm etwas in den Augen Gottes Wohlgefälliges entstehen kann: eine freie und mutige Kirche mit demütigem Selbstbewusstsein, die auch und gerade für junge Menschen in ihrem Suchen nach dem Sinn des Lebens und damit nach dem lebendigen Gott wieder zu einer echten und existenziellen Alternative wird.

Rom, am Fest des heiligen Benedikt von Nursia 2012
Kurt Cardinal Koch

Erster Teil:
Entweltlichung als Leitmotiv einer Kirchenreform

Damit die Kirche ihre Sendung verwirklichen kann, „wird sie auch immer wieder Distanz zu ihrer Umgebung nehmen müssen, sich gewissermaßen ‚ent-weltlichen'": Mit dem Stichwort „Ent-Weltlichung" hat Papst Benedikt XVI. anlässlich seines Besuchs in Deutschland im Freiburger Konzerthaus im September 2011 die Zuhörenden überrascht und nicht wenige schockiert.[1] Das Wort ist in der Tat so ungewöhnlich, dass das Korrekturprogramm eines normalen Computers es als Fehler markiert. Nicht wenige haben denn auch während der Rede und während den auch nach dem Papstbesuch lange anhaltenden Diskussionen dieses Wort als kapitalen Fehler wahrgenommen. Befürchtungen wurden laut, der Papst habe das Zweite Vatikanische Konzil mit seiner gewollten Öffnung auf die Welt hin widerrufen. Denn die Konzilsväter hätten in einem zwar mühsamen Ringen, aber schließlich entschieden ein neues, positives und unverkrampftes Verhältnis zur Welt gewonnen, sie hätten die „Menschen guten Willens" gelobt und ihre Anstrengungen um eine gerechtere Welt gewürdigt. Dies sei der neue Ton gewesen, der die Kirche aus dem Ghetto lebensferner Rituale herausgeführt und die Menschen eingeladen habe, sich für eine erneuerte Kirche einzusetzen. Es wurden zudem noch weiter gehende Befürchtungen geäußert, der Papst beschädige das Christliche überhaupt in seinem Kern, der in der Weltzuwendung und Menschwerdung Gottes bestehe, und er wolle die Kirche wiederum in ein lebensfremdes neurasthenisches Gebilde zurückverwandeln, das sich aus dem Dreck und Elend der Welt heraushält.

1. Kirche in der Welt, aber nicht von der Welt

Diese Fragen und Befürchtungen sind nicht rhetorisch gemeint. Sie bewegen viele Katholiken und Christen auch in anderen Kirchen und kirchlichen Gemeinschaften. Aber sie zielen ganz an den Anliegen von Papst Benedikt XVI. vorbei. Sie nehmen nur die eine von zwei grundlegenden Bewegungsrichtungen wahr, von denen Papst Benedikt XVI. sehr deutlich gesprochen hat. Der christliche Glaube kennt sowohl die Bewegung Gottes auf die Welt hin, die ihren unüberbietbaren Höhepunkt in der Inkarnation des Wortes Gottes in Jesus Christus gefunden hat, als auch die Bewegung der Distanzierung von der Welt, weil der Glaube sich nicht den Maßstäben der Welt angleichen und sich damit in die Welt hinein verstricken darf, sondern der Richtung des Gebets Jesu für seine Jünger vor Beginn seiner Passion folgen soll: „Sie sind nicht von der Welt, wie auch ich nicht von der Welt bin" (Joh 17,16).

Über die erste Bewegungsrichtung von Glaube und Kirche hat Papst Benedikt auch in Freiburg sehr ausführlich und klar gesprochen: „Die Kirche taucht ein in die Hinwendung des Erlösers zu den Menschen. Sie ist, wo sie wahrhaft sie selber ist, immer in Bewegung, muss sich fortwährend in den Dienst der Sendung stellen, die sie vom Herrn empfangen hat. Und deshalb muss sie sich immer neu den Sorgen der Welt öffnen, zu der sie ja selber gehört, sich ihnen ausliefern, um den heiligen Tausch, der mit der Menschwerdung begonnen hat, weiterzuführen und gegenwärtig zu machen."

Dieser starke Akzent, den Papst Benedikt XVI. auf die inkarnatorische Bewegungsrichtung von Glaube und Kirche legt, kann nicht überraschen, wenn man ihn auf dem Hintergrund des ganzen theologischen Denkens des Heiligen Vaters wahrnimmt. Es sei nur an seine erste Enzyklika über die christliche Liebe erinnert, in der er so sehr den grundlegenden Stellenwert der Diakonie und der sozialen Verantwortung der Kirche betont hat, dass man urteilen muss, dass Caritas und Diakonie noch nie eine derart umfassende kirchenlehramtliche Würdigung erfahren haben wie in der Enzyklika *Deus caritas est*.² Diese der Welt zugewandte Seite der Kirche ergibt sich in der theologischen Sicht von Papst Benedikt vor allem aus der Eucharistie als der mystischen Mitte des Christentums und bringt damit zum Ausdruck, dass es keine letzte Grenze zwischen Liturgie und Leben geben kann, wie Papst Benedikt in seinem Buch über Jesus von Nazareth betont: „‚Caritas', die Sorge um den anderen, ist nicht ein zweiter Sektor des Christentums neben dem Kult, sondern in diesem selbst verankert und ihm zugehörig. Horizontale und Vertikale sind in der Eucharistie, im ‚Brotbrechen' untrennbar verbunden."³ Selbst in der liturgischen Praxis der Anbetung sieht der Papst das soziale Wirken des Christen begründet: „Gerade in diesem persönlichsten Akt der Begegnung mit dem Herrn reift dann auch die soziale Sendung, die in der Eucharistie enthalten ist und nicht nur die Grenze zwischen dem Herrn und uns, sondern vor allem auch die Grenzen aufreißen will, die uns voneinander trennen."⁴

Von einer Verabschiedung der Kirche aus ihrer Weltverantwortung oder gar von Weltflucht kann im theologischen Denken von Papst Benedikt somit keine Rede sein. Wer freilich derart entschieden den Weltbezug von Glaube und Kirche hervorhebt, ist dann auf der anderen Seite nicht nur berechtigt, sondern auch verpflichtet, vor einer selbstgenügsamen Anpassung der Kirche an die Plausibilitäten der Welt und vor einer gefährlichen Verstrickung in die Welt zu warnen und die biblische Einsicht in Erinnerung zu rufen, dass die Kirche zwar in der Welt, aber nicht von der Welt ist. Doch diese Warnung erfolgt nochmals um einer besseren Wahrnehmung der Weltsendung der Kirche willen, wie Papst Benedikt in Freiburg ausdrücklich dargelegt hat: „Das missionarische Zeugnis der entweltlichten Kirche tritt klarer zutage. Die von materiellen und politischen Lasten und Privilegien befreite Kirche kann sich besser und auf wahrhaft christliche Weise der ganzen Welt zuwenden, wirklich weltoffen sein."

Damit dürfte auch evident sein, dass der nicht selten ausgesprochene Verdacht, Papst Benedikt gehe mit seinem Programm der Entweltlichung hinter das Zweite Vatikanische Konzil zurück, völlig verfehlt ist. Papst Benedikt kann vielmehr auf wesentliche Perspektiven zurückgreifen, die auf dem Konzil entwickelt worden sind, wie beispielsweise die Forderung nach einer Kirche für die Armen und die Zumutung an die Kirche, aus freien Stükken auf weltliche Privilegien zu verzichten, um die Kirche in der heutigen Welt mobiler und damit glaubwürdiger zu machen. Es darf aber auch daran erinnert werden, dass das zweite Kapitel über die Kirche als Volk Gottes in die Dogmatische Konstitution über die Kirche vor allem aufgenommen worden ist, um die eschatologische Dimension der Kirche bewusst hervorzuheben. Denn das Bild vom Volk Gottes verweist auf die geschichtliche Vorläufigkeit der Kirche, die ihr solange anhaftet, als sie in der Weltzeit unterwegs ist – vergleichbar mit dem Volk Israel, das zwischen Ägypten und dem Land der Verheißung unterwegs gewesen ist. Im Bild der Kirche als Volk Gottes wird deshalb auch ihre Bereitschaft ausgesagt, sich immer wieder von ihren historisch bedingten Verwurzelungen in vergangenen gesellschaftlichen und politischen Konstellationen zu lösen und sich auf neue Herausforderungen einzulassen, unter denen Kardinal Walter Kasper auch die „Überinstitutionalisierung" der „im internationalen Vergleich gut situierten und reich ausgestatteten Kirche in Deutschland" mit Recht beim Namen genannt hat.[5]

In diesem größeren Zusammenhang ist schließlich auch der Hinweis angebracht, dass Benedikts Programm der Entweltlichung auch keine die Ökumene irritierende Forderung ist, sondern sich in der ökumenischen Situation von heute durchaus sehen lassen kann. Dies zeigt sich bereits daran, dass das Wort „Entweltlichung" keine Erfindung des Papstes ist, sondern auf den evangelischen Exegeten Rudolf Bultmann zurückgeht, der in seinem Kommentar zum Johannesevangelium geschrieben hat: „Zum Wesen der Kirche gehört eben dieses: innerhalb der Welt eschatologische, entweltlichte Gemeinde zu sein. ... Sie darf sich durch den Hass der Welt nicht verführen lassen, ihrem Wesen untreu zu werden; sie darf sich nicht für die Weltgeschichte mit Beschlag belegen lassen, sich als Kulturfaktor verstehen, sich in einer ‚Synthese' mit der Welt zusammenfinden und Frieden mit der Welt machen."⁶ In eine ähnliche Richtung hat ein anderer evangelischer Theologe, nämlich Bischof Wolfgang Huber, bereits vor mehr als einem Jahrzehnt den warnenden Finger erhoben, dass die Kirchen in Westeuropa in der großen Gefahr einer Selbstsäkularisierung stehen: „Sie haben den Säkularisierungsprozess in einem Prozess der Selbstsäkularisierung aufgenommen. Die moralischen Forderungen der Religion wurden zum dominierenden Thema; die transmoralischen Gehalte der Religion, die Begegnung mit dem Heiligen, die Erfahrung der Transzendenz traten in den Hintergrund."⁷ Demgegenüber erblickt Bischof Huber die wichtigste Herausforderung an die Kirche heute darin, „den alle Moral überschreitenden Gehalt des christlichen Glaubens in seiner Bedeutung für die Orientierungsprobleme der Gegenwart zu verdeutlichen".⁸ Er fordert deshalb die Kirche auf, ihre spezifische religiöse Kompetenz entschieden zur Geltung zu bringen, weil es für die Kirche „vorrangig ist, ihre eigene Botschaft ernstzunehmen": „Strukturelle Reformen müssen sich nämlich aus einer erneuerten Auftragsgewissheit ergeben; verselbständigte Strukturdebatten dagegen laufen ins Leere."⁹

2. Angleichung ja, aber an wen?

In der Welt und für die Welt da sein, aber nicht von der Welt sein: In dieser Spannung zwischen Weltzuwendung und Entweltlichung liegt biblisches Urgestein vor. Christen leben in der Welt und sind berufen, ihr zu dienen und in ihr zu wirken. Sie dürfen sich aber nie der Welt anpassen. Deshalb wird es zwischen den Sphären der Welt und der Christenheit unvermeidlich Reibungen geben, auch Reibungen, die bis zum weltlichen Hass gegenüber jenen gehen können, die sich in den Mainstream der Welt und der heutigen Zeit nicht einfach inkorporieren lassen. Um diesem Hass zu entgehen, stehen Christen und die Kirche immer wieder in der Versuchung, sich nun doch der Welt anzupassen und sein zu wollen wie alle anderen.

Auch diese Versuchung, die bis ans Mark des Glaubens gehen kann, ist biblisches Urgestein. Das zweifellos berühmteste wie unrühmlichste Beispiel ist die Einrichtung des Königtums im Volk Israel. Ausgerechnet das Königtum, aus dem der Messias hervorgehen wird, war ursprünglich von Gott weder vorgesehen noch gewollt. Seine Etablierung muss vielmehr verstanden werden als Ausdruck einer ungeheuren Rebellion des Volkes Israel gegen Jahwe, als Zeichen seines Abfalls vom wahren Willen Gottes und als Konsequenz der übermäßigen Anpassung Israels an die Welt: Nach der Landnahme hatte das Volk Israel keine Herrscher, sondern Richter, die nicht – wie die Könige unserer Welt – selbst Recht schaffen konnten, die vielmehr nur das Recht Gottes anwenden durften. Denn König war im Volk Israel allein Gott und sein Recht. Zu einem eigenen Königtum in Israel ist es erst aufgrund seiner Anpassungssucht an die es umgebende Welt gekommen. Israel wurde eifersüchtig auf die Völker in seiner Umgebung, die alle einen König hatten, und es wollte werden wie diese Völker. Vergeblich schärfte Samuel dem Volk ein, es werde seine Freiheit verlieren und in die Knechtschaft geführt werden, wenn es einen König hat. Israel jedoch wollte die Freiheit des Königtums Gottes nicht mehr. Es frönte seinem Eigensinn und glich sich lieber der es umgebenden Welt an, statt sie vom Königtum Gottes her zu verwandeln und zu erneuern. Das Königtum in Israel ist deshalb der drastische Ausdruck seiner Rebellion gegen das alleinige Königtum Gottes; und es kommt einer Dementierung seiner göttlichen Erwählung gleich, wenn das Volk nicht auf Samuel hören wollte, sondern erklärte: „Nein, ein König soll über uns herrschen. Auch wir wollen wie alle anderen Völker sein. Unser König soll uns Recht sprechen, er soll vor uns herziehen und soll unsere Kriege führen" (1 Sam 8,19).

Heute wollen wir Christen gewiss keine Könige mehr. Aber wollen nicht auch wir heute oft genug sein wie alle Völker und die Kirche beispielsweise völlig demokratisieren? Sein zu wollen wie alle anderen Völker ist eine Grundversuchung auch in der Kirche heute. Sie ist vor allem dort wirksam, wo das konziliare Grundwort „Volk Gottes" immer weniger vom biblischen und immer mehr vom soziologischen Sprachgebrauch her verstanden wird, bei dem das Geheimnis der Kirche nicht mehr viel zu bedeuten hat und der eigentliche Schöpfer und Souverän dieses Volkes, nämlich Gott, außen vor gelassen wird, so dass beim Wort „Volk Gottes" der Genetiv „Gottes" zu verschwinden droht und nur noch das „Volk" übrigbleibt. Das Konzil hat demgegenüber dem zweiten Kapitel über das Volk Gottes bewusst das erste Kapitel über das Mysterium der Kirche vorgeordnet. Damit wollte es verdeutlichen, dass es sich beim Aufbau der Kirche um eine geistliche Aufgabe handelt und Erneuerung der Kirche auf dem Weg einer geistlichen Vertiefung des Kircheseins aller Getauften geschehen muss. Dort, wo die klare Gliederung der Kirchenkonstitution nicht beachtet wird, liegt deshalb eine offene Wunde in der Konzilsrezeption vor, in die Hermann J. Pottmeyer mit Recht den Finger legt: „Das konziliare Leitprinzip und seine Prioritätensetzung nicht zu beachten, das scheint mir die Schwäche der bisherigen Verwirklichung der Konzilsbeschlüsse zu sein, mitverantwortlich für die einseitige Sicht der Kirchenreform als Strukturreform."[10]

Die alttestamentliche Geschichte von der Etablierung des Königtums in Israel und das ihr zugrunde liegende Sein-Wollen wie die andern, das offensichtlich kein einmaliges Ereignis geblieben ist, sind uns von daher als bleibende Warnung und als Zumutung vor Augen gestellt, dass das Volk Gottes immer auf der Hut sein muss, wem es sich angleichen will. Die entscheidende Anpassung, die von uns Christen und von der Kirche immer wieder gefordert ist, ist in erster Linie nicht Anpassung an die moderne Zeit und ihren Geist, sondern Anpassung an die Wahrheit des Evangeliums, wie dies die Gemeinsame Synode der Bistümer in der Bundesrepublik Deutschland in ihrem Glaubensbekenntnis „Unsere Hoffnung" als Konsequenz des Zweiten Vatikanischen Konzils unmissverständlich in Erinnerung gerufen hat: „Die Krise des kirchlichen Lebens beruht letztlich nicht auf Anpassungsschwierigkeiten gegenüber unserem modernen Leben und Lebensgefühl, sondern auf Anpassungsschwierigkeiten gegenüber dem, in dem unsere Hoffnung wurzelt und aus dessen Sein sie ihre Höhe und Tiefe, ihren Weg und ihre Zukunft empfängt: Jesus Christus und seiner Botschaft vom ‚Reich Gottes'."[11]

3. Entweltlichung als Antwort auf einen epochalen Wandel

Im Licht dieses Bekenntnisses leuchten die zentralen Anliegen von Papst Benedikt XVI., die er mit dem Stichwort der Entweltlichung verbindet, erst recht auf. In diesem Licht wird freilich zunächst der Schatten sichtbar, nämlich eine elementare Krise, in der sich die Kirche heute befindet. In erster Linie zeigt sich dabei eine pastorale Krise, die Papst Benedikt bereits als Präfekt der Glaubenskongregation dahingehend diagnostiziert hat, dass sich ein Großteil der Christen heute „faktisch im Katechumenats-Status" befindet und dass wir dies „in der Pastoral endlich ernst nehmen müssen".[12] In der Tat stellt sich stets deutlicher die Frage, was wir in der Pastoral eigentlich tun, wenn wir Kinder taufen, deren Eltern keinen Zugang zu Glaube und Kirche haben, wenn wir Kinder zur Erstkommunion führen, die nicht zum Leib Christi gehören wollen, wenn wir Jugendliche firmen, für die das Sakrament nicht die endgültige Eingliederung in die Kirche, sondern die Verabschiedung von ihr bedeutet, und wenn das Ehesakrament bloß der Verschönerung einer Familienfeier dient. Selbstverständlich gibt es auf diese Fragen keine einfachen und schnellen Antworten, aber sie müssen als ernsthafte Herausforderungen wahrgenommen werden.

Hinter dieser pastoralen Krise verbirgt sich eine noch tiefer liegende Krise, die darin besteht, dass wir in der kirchlichen Situation heute vor oder bereits mitten in einem epochalen Wandel stehen, ohne dass schon neue Horizonte sichtbar würden, die anzeigen, wie es weitergehen soll. Wir erleben gegenwärtig das definitive Zu-Ende-Gehen jener Epoche der Kirchengeschichte, die man als „konstantinisch" bezeichnen kann. Denn das Strukturganze, das der (nach-)konstantinischen kirchlichen Sozialisationspraxis zugrunde liegt, bricht immer mehr auseinander, und zwar irreversibel; und die gesellschaftlichen Stützen der Volkskirche, die bisher das Christwerden und Kirchesein getragen haben, verschwinden unaufhaltsam. Christsein und Kirchengliedschaft sind weithin nicht mehr von einem volkskirchlichen Milieu getragen, sondern sind immer mehr die Angelegenheit persönlicher Entscheidung Einzelner geworden. Die milieugestützte Volkskirche, die sich vor allem in Deutschland nach dem Ende der Reichskirche am Beginn des 19. Jahrhunderts herausgebildet hat, geht unwiderruflich zu Ende. Die bisherige volkskirchliche Gestalt der Kirche kann deshalb nicht ein in die Zukunft weisendes Modell der Kirche im neuen Jahrtausend sein. Trotzdem sind in der Kirche heute starke Tendenzen festzustellen, die das bisher vererbte, geschichtlich gewachsene und volkskirchlich geprägte Kirchesein – freilich kontrafaktisch – weiterhin problemlos voraussetzen und zugleich perpetuieren, auch weiterhin auf eine volkskirchlich orientierte Pastoral der flächendeckenden Begleitung und der Besitzstandswahrung setzen und dabei entweder in einer gewissen Selbstzufriedenheit auf die noch gut funktionierenden volkskirchlichen Restbestände blicken oder angesichts dessen, was alles nicht mehr funktioniert, ins Murren ausbrechen – wie das Volk Israel in der Wüste, das sich nach den Fleischtöpfen Ägyptens zurückgesehnt und den Führer Mose als Sündenbock angeklagt hat. Im Unterschied zu diesen konservativen Strategien, die freilich gerne als besonders fortschrittlich ausgegeben werden, ist Papst Benedikt hellsichtig überzeugt, dass die Kirche einen guten Weg in die Zukunft nur finden kann, wenn sie dieser neuen kirchlichen Situation Rechnung trägt und sich den heute stattfindenden Wandlungsprozessen aussetzt. Dazu gehört auch die Bereitschaft, herkömmliche Privilegien und daraus folgende Besonderheiten wie beispielsweise die hohe Organisationsstruktur der Kirche zu überdenken und sich die Frage gefallen zu lassen, die Papst Benedikt anlässlich seines Besuchs in Deutschland besonders der Kirche in diesem Land gestellt hat: „Steht hinter den Strukturen auch die entsprechende geistige Kraft – Kraft des Glaubens an den lebendigen Gott?" Indem der Papst einen „Überhang an Strukturen gegenüber dem Geist" diagnostizierte, formulierte er als Schlussfolgerung: „Die eigentliche Krise der Kirche in der westlichen Welt ist eine Krise des Glaubens. Wenn wir nicht zu einer wirklichen Erneuerung des Glaubens finden, werden alle strukturellen Reformen wirkungslos bleiben." Entweltlichung erweist sich von daher nicht als eine Forderung, die Papst Benedikt XVI. gleichsam von außen an die Kirche herantragen würde. Mit diesem Stichwort formuliert er vielmehr eine Konsequenz, die sich aus der sensiblen Wahrnehmung der heutigen Situation der Kirche von selbst ergibt. Zum besseren Verständnis darf daran erinnert werden, dass sich Papst Benedikt mit diesen grundlegenden Fragen bereits früh auseinandergesetzt und weitreichende Schlussfolgerungen gezogen hat, in denen seine heutige Sicht bereits weitestgehend präsent ist. Bereits im Jahre 1958 hat er in einem Aufsatz mit dem bezeichnenden Titel „Die neuen Heiden und die Kirche" den historischen Weg der Kirche von der verfolgten kleinen Herde zur Weltkirche bis hin zur weitestgehenden Deckungsgleichheit der Kirche mit der abendländischen Welt nachgezeichnet und als neue Herauforderung, die sich ihm bereits in den fünfziger Jahren aufgedrängt hat, wahrgenommen, dass diese historisch gewordene Deckung heute „nur noch Schein" ist, „der das wahre Wesen der Kirche und der Welt verdeckt und die Kirche zum Teil an ihrer notwendigen missionarischen Aktivität hindert": „So wird sich über kurz oder lang mit dem oder gegen den Willen der Kirche nach dem inneren Strukturwandel auch ein äußerer, zum *pusillus grex,* vollziehen."[13] In pastoraler Hinsicht war Joseph Ratzinger deshalb überzeugt, dass es der Kirche auf die Dauer nicht erspart bleiben wird, „Stück um Stück von dem Schein ihrer Deckung mit der Welt abbauen zu müssen und wieder das zu werden, was sie ist: Gemeinschaft der Glaubenden. Tatsächlich wird ihre missionarische Kraft durch solche äußeren Verluste nur wachsen können. Nur wenn sie aufhört, eine billige Selbstverständlichkeit zu sein, nur wenn sie anfängt, sich selbst wieder als das darzustellen, was sie ist, wird sie das Ohr der neuen Heiden mit ihrer Botschaft wieder zu erreichen vermögen, die sich bisher noch in der Illusion gefallen können, als wären sie gar keine Heiden."[14] In diesem unmissverständlich klaren Text kann man das ganze Programm der Entweltlichung der Kirche erblicken, mit dem Papst Benedikt XVI. die Kirche in Deutschland im vergangenen Jahr konfrontiert hat. In derselben Sinnrichtung hat der heutige Papst in den sechziger Jahren im Blick auf die Zukunft der Kirche seine Überzeugung zum Ausdruck gebracht, dass aus der Krise der Kirche auch ihre Erneuerung hervorgehen wird, dass genauerhin aus einer „verinnerlichten und vereinfachten Kirche" eine große Kraft strömen wird: „Denn die Menschen einer ganz und gar geplanten Welt werden unsagbar einsam sein. Sie werden, wenn ihnen Gott ganz entschwunden ist, ihre volle, schreckliche Armut erfahren. Und sie werden dann die kleine Gemeinschaft der Glaubenden als etwas ganz Neues entdecken. Als eine Hoffnung, die sie angeht, als eine Antwort, nach der sie im Verborgenen immer gefragt haben. So scheint mir gewiss zu sein, dass für die Kirche sehr schwere Zeiten bevorstehen. Ihre eigentliche Krise hat noch kaum begonnen: Man muss mit erheblichen Erschütterungen rechnen. Aber ich bin auch ganz sicher, was am Ende bleiben wird: Nicht die Kirche des politischen Kultes, ... sondern die Kirche des Glaubens. Sie wird wohl nie mehr in dem Maße die gesellschaftsbeherrschende Kraft sein, wie sie es bis vor kurzem war. Aber sie wird von neuem blühen und den Menschen als Heimat sichtbar werden, die ihnen Leben gibt und Hoffnung über den Tod hinaus."[15]

4. Glaubenskrise, die an den Kern rührt

Das Stichwort der Entweltlichung fordert zu einer intensiven Auseinandersetzung über die Qualität der Krise heraus, die wir heute in der Kirche erleben. Wie jeder Arzt nur dann hilfreiche Therapieanweisungen formulieren kann, wenn eine klare Diagnose gegeben ist, so können auch in der Kirche nur dann gemeinsame Wege in die Zukunft beschritten werden, wenn man sich über die Diagnose hinsichtlich der gefährlichen Infekte verständigen kann. Dass eine solche Verständigung noch weithin aussteht, sondern im Gegenteil ein heftiger Streit über die Diagnose ausgefochten wird, macht die besondere Schwierigkeit in der heutigen Situation der Kirche aus. Während auf der einen Seite bestritten wird, dass die Kirche in einer Glaubenskrise steht, und zugleich im Brustton der Überzeugung behauptet wird, es handle sich allein um eine Kirchenkrise oder gar nur um eine Krise der Kirchenleitung, so geht die andere Seite davon aus, dass sich die Kirche in Westeuropa in einer epochalen Glaubenskrise befindet, die auf einem gefährlichen Bruch mit der gesamten abendländischen Glaubenstradition beruht. Diese gegensätzliche Beurteilung ruft nach einer intensiven diagnostischen Suche nach den eigentlichen Krisenherden in der Kirche heute. Dabei legt es sich nahe, behutsam vorzugehen.

Im ersten Hinsehen muss man zunächst in der Tat von einer tiefgreifenden Kirchenkrise sprechen, die sich seit den sechziger Jahren im Slogan „Jesus ja – Kirche nein" artikuliert. Doch bereits dieser Slogan hebt die sogenannte Kirchenkrise auf die Ebene des Glaubens, weil man Jesus und die Kirche, die er gewollt hat und in der er gegenwärtig ist, nicht voneinander trennen und weil man ohne Christus das eigentliche Wesen der Kirche gar nicht verstehen kann. Auch auf diese Wunde hat Papst Benedikt XVI. während seines Deutschlandbesuchs den Finger gelegt: „Manche bleiben mit ihrem Blick auf die Kirche an ihrer äußeren Gestalt hängen. Dann erscheint die Kirche nurmehr als eine der vielen Organisationen innerhalb einer demokratischen Gesellschaft, nach deren Maßstäben und Gesetzen dann auch die so sperrige Größe ‚Kirche' zu beurteilen und zu behandeln ist. Wenn dann auch noch die leidvolle Erfahrung dazukommt, dass es in der Kirche gute und schlechte Früchte, Weizen und Unkraut gibt, und der Blick auf das Negative fixiert bleibt, dann erschließt sich das große und schöne Mysterium der Kirche nicht mehr. Dann kommt auch keine Freude mehr auf über die Zugehörigkeit zu diesem Weinstock ‚Kirche'."

Die unlösbare Zusammengehörigkeit der Verbundenheit des Getauften mit Christus und seiner Gliedschaft in der Kirche, seiner Gemeinschaft mit dem Weinstock Christus, eröffnet sich nur im Licht des Glaubens und durch den realistischen Prozess der Entweltlichung der Kirche hindurch. Im Licht des Glaubens muss deshalb der Slogan „Jesus ja – Kirche nein" als mit der Intention Jesu unvereinbar und in diesem elementaren Sinn als unchristlich beurteilt werden. Er ist aber zugleich als Signal dafür zu werten, dass sich hinter der sogenannten Kirchenkrise letztlich eine Krise des Christusglaubens verbirgt. Denn der eigentliche Gegensatz, dem wir uns stellen müssen und auf den der damalige Kardinal Joseph Ratzinger hellsichtig aufmerksam gemacht hat, ist noch nicht durch die Formel „Jesus ja – Kirche nein" zum Ausdruck gebracht, sondern muss mit dem Wort umschrieben werden: „Jesus ja – Christus nein" oder „Jesus ja – Sohn Gottes nein".[16] Erst in dieser Formel wird jener beunruhigende Bedeutungsverlust des christlichen Glaubens an Jesus als den Christus sichtbar, den wir in der Kirche heute feststellen müssen. Denn selbst in der Kirche will es heute oft nicht mehr gelingen, im Menschen Jesus das Antlitz des Sohnes Gottes selbst wahrzunehmen und in ihm nicht einfach einen – wenn auch besonders guten und herausragenden – Menschen zu sehen.

Mit dem christologischen Glaubensbekenntnis steht oder fällt der christliche Glaube auch heute. Wenn Jesus, wie heute viele annehmen, nur ein Mensch gewesen wäre, dann wäre er unwiderruflich in die Vergangenheit zurückgetreten; und nur unser eigenes fernes Erinnern könnte ihn dann mehr oder weniger deutlich in unsere Gegenwart hereinholen. So aber wäre Jesus nicht der einzige Sohn Gottes, durch den wir leben und in dem Gott selbst bei uns ist. Nur wenn unser Glaube wahr ist, dass Gott selbst Mensch geworden und Jesus Christus wahrer Mensch und wahrer Gott ist und so Anteil hat an der Gegenwart Gottes, die alle Zeiten umgreift, kann Jesus Christus nicht bloß gestern, sondern auch heute unser wirklicher Zeitgenosse und das Licht unseres Lebens sein. Nur wenn Jesus nicht nur ein Mensch vor zweitausend Jahren gewesen ist, sondern als Sohn Gottes auch heute lebt, können wir seine Liebe erfahren und ihm vor allem in der Feier der Heiligen Eucharistie begegnen.

„Ich würde die Menschwerdung Gottes als den Zentralaspekt des katholischen Christentums benennen": Mit diesen Worten hat der im Jahre 2010 seliggesprochene Kardinal John H. Newman das Kerngeheimnis des christlichen Glaubens bekannt. Da im Christusbekenntnis immer schon der Glaube an den lebendigen Gott enthalten ist, der in die Geschichte der Menschheit eingetreten und Fleisch geworden ist und als Mensch unter Menschen gelebt hat, wird auch einsehbar, dass die heutige Krise des Christusglaubens ihre radikalste Zuspitzung in einer Krise des Gottesglaubens findet. Die eigentliche Glaubenskrise, die wir heute erleben, liegt im weitgehenden Verblassen des biblisch-christlichen Bildes Gottes als eines in der Geschichte gegenwärtigen und handelnden Gottes. Diese Gotteskrise ist zwar nicht leicht zu diagnostizieren, da sie in einer religionsfreundlichen Atmosphäre stattfindet und deshalb in der Formel festgemacht werden kann: „Religion ja – ein persönlicher Gott nein". In dieser Gotteskrise wird aber sichtbar, dass der seit der europäischen Aufklärung aufgekommene Deismus selbst im kirchlichen Bewusstsein seinen Niederschlag findet und sich in den selbstverständlich gewordenen Annahmen ausdrückt: „Gott mag den Urknall angestoßen haben, wenn es ihn schon geben sollte, aber mehr bleibt ihm in der aufgeklärten Welt nicht. Es scheint fast lächerlich sich vorzustellen, dass ihn unsere Taten und Untaten interessieren, so klein sind wir angesichts der Größe des Universums. Es erscheint mythologisch, ihm Aktionen in der Welt zuzuschreiben."[17] Es muss sich dabei von selbst verstehen, dass ein solchermaßen deistisch verstandener Gott weder zu fürchten noch zu lieben ist. Es fehlt die elementare Leidenschaft an Gott, die den christlichen Glauben auszeichnet; und darin liegt die tiefste Glaubensnot in der heutigen Zeit.

5. Neuevangelisierung und Zentralität Gottes

Auf dem Hintergrund dieser Diagnose einer elementaren Glaubenskrise lässt sich auch das Remedium verstehen, das Papst Benedikt XVI. vorschlägt und das darin besteht, die Gottesfrage wieder neu in den Mittelpunkt des kirchlichen Lebens und der Verkündigung zu stellen. In dieser Zentralität Gottes leuchtet auch der innerste Kern dessen auf, was unter Entweltlichung zu verstehen ist. Denn „nicht von der Welt" zu sein bedeutet im biblischen Sinn, von Gott her zu sein und das Leben von Gott her zu betrachten und zu gestalten. Entweltlichung heißt zuerst und zutiefst, wieder neu zu entdecken, dass Christentum im Kern Glaube an Gott und das Leben einer persönlichen Beziehung mit ihm ist und dass alles andere daraus folgt. Da neue Evangelisierung im Kern darin besteht, Gott zu den Menschen zu bringen und sie in eine persönliche Gottesbeziehung hinein zu begleiten, sind Neuevangelisierung und Entweltlichung zwei Seiten derselben Medaille.

In der Zentralität der Gottesfrage erblickt der Papst auch die größte gemeinsame Herausforderung an die Ökumene, wie er in der Begegnung mit Vertretern des Rates der Evangelischen Kirche in Deutschland in Erfurt im September 2011 unter Erwähnung der besonderen Bedeutung der Gottesfrage im Leben und Wirken des Reformators Martin Luther hervorgehoben hat: „Unser erster ökumenischer Dienst in dieser Zeit muss es sein, gemeinsam die Gegenwart des lebendigen Gottes zu bezeugen und damit der Welt die Antwort zu geben, die sie braucht." Wenn wir sensibel auf die Zeichen der Zeit achten, müssen wir feststellen, dass die Gottesfrage in der Tat energisch an die Türe unserer Kirche und der Ökumene klopft.

Als zweiten wichtigen Grundzug im Leben Luthers hat Papst Benedikt dessen christozentrische Spiritualität betont und daraus die Konsequenz gezogen, dass auch in der Ökumene heute das Zeugnis für Jesus Christus , der wahrer Mensch und wahrer Gott ist, zentral sein muss. Da für uns Christen Gott nicht ein weltferner Gott und auch nicht einfach eine philosophische

Hypothese über den Ursprung der Welt ist, sondern ein Gott, der uns sein Gesicht gezeigt und uns angeredet hat und in Jesus Christus Mensch geworden ist, ist die Menschwerdung Gottes das Zentraldogma des christlichen Credo und muss in der Mitte der christlichen Verkündigung das christozentrische Geheimnis der Inkarnation stehen.

Zentralität der Gottesfrage und christozentrische Verkündigung sind folglich die elementaren Inhalte, um die es bei der notwendigen Entweltlichung der Kirche gehen muss und die zu einer wahrhaften Erneuerung der Kirche führen, die nicht von außen an die Kirche heran getragen wird, sondern in ihrem Inneren verwirklicht wird und die nicht vom Rand, sondern von der Mitte der Kirche aus geschieht. Sehr treffend und schön hat deshalb der katholische Neutestamentler Thomas Söding Papst Benedikts Forderung nach Entweltlichung als „Programm einer katholischen Kirchenreform" charakterisiert, „die sich aufs Wesentliche konzentriere: das Zeugnis des Glaubens".[18]

Auf das Ablegen des Zeugnisses zielt in der Tat die Zumutung der Entweltlichung. Damit ist vollends deutlich, dass Entweltlichung keinen Rückzug aus der Welt bedeutet, sondern im Gegenteil die Vorsorge dafür, dass das missionarische Zeugnis der entweltlichten Kirche nicht nur klarer zutage tritt, sondern auch als glaubwürdig erscheint. Damit wird ein elementares Anliegen des Zweiten Vatikanischen Konzils aufgenommen, das unmissverständlich in Erinnerung gerufen hat, dass die Sendung der Kirche zur Evangelisierung der Welt unabdingbar zur Kirche gehört und die Kirche „ihrem Wesen nach missionarisch" ist.[19] Für das Konzil gehört die Mission sogar derart zentral zur Kirche, dass in seiner Sicht der eigentliche Gegensatz zu „konservativ" gerade nicht „progressiv" ist, sondern „missionarisch", und das Konzil überhaupt den „Übergang von einer konservierenden zu einer missionarischen Haltung" markiert.[20]

Mit dem Programmwort der Entweltlichung und Neuevangelisierung will Papst Benedikt XVI. diesen Übergang in kreativer und innovativer Weise weiterführen und deshalb in treuer Kontinuität zum Zweiten Vatikanischen Konzil stehen. Demselben

Anliegen der Verkündigung des Glaubens mit der Zentralität der Gottesfrage und der christozentrischen Perspektive wollen auch die im zweiten Teil des vorliegenden Buches versammelten Meditationen und Reflexionen dienen.

Zweiter Teil:
Von der Kunst, anders zu leben

1. In übergroßer Erwartung leben

Christen sind Menschen, die anders leben, weil sie mehr erwarten als andere. Christen, so sagen wir in traditioneller kirchlicher Sprechweise, sind adventliche Menschen. Im Advent bereiten wir uns auf die größte denkbare Ankunft Gottes in der Welt, die Feier des Kommens Gottes in seinem Sohn vor. Mit uns Christen steht heute aber auch die ganze Welt im Advent. Sie sehnt sich nach Frieden und nach mehr Gerechtigkeit. Sie hofft auf das Kommen Gottes mit seinen Gaben der Freude und des Mutes. Deshalb wollen wir unsere Hoffnung stärken lassen, dass der Advent für uns alle zu einer Zeit des Segens und der Gnade Gottes werden möge. Dies kann der Advent freilich nur werden, wenn wir den Aufruf Jesu zur Wachsamkeit beherzigen: „Was ich euch sage, das sage ich allen: Seid wachsam!" Bitten wir Gott, dass wir treue und wachsame Diener und Dienerinnen sind, die der Herr, „wenn er plötzlich kommt", „nicht schlafend" antrifft (Mk 13,36–37).

1.1 Warten macht schöpferisch

Der Advent ist die intensivste Zeit der Hoffnung und der Erwartung. Ich bin mir wohl bewusst, dass das Stichwort des Wartens bei uns nicht nur positive Gefühle weckt. Die eigenartige Situation im Wartezimmer eines Arztes oder Zahnarztes ist uns allen vertraut, vor allem die nur langsam verstreichen wollenden Minuten, bis wir in das Sprechzimmer geführt werden. Erst recht lange kommen einem kranken Menschen, der auf die genaue

Diagnose warten muss, die Stunden und Tage vor, bis er den erwarteten oder gar befürchteten Befund erhält. Von solchen Erfahrungen her ist für viele Menschen heute das Warten kaum mehr eine Tugend. Vielmehr empfinden viele das Warten als Nichtstun und als lähmende Langeweile. Von daher erscheint heute vielen Menschen auch der Advent als bloße Wartezimmerzeit und belanglose Durchgangszeit.

Das adventliche Warten aber hat eine ganz andere Qualität. Bereits im menschlichen Leben gibt es nicht nur ein Warten, das wir als langweiliges Nichtstun empfinden, sondern auch ein Warten, das voller Arbeit ist, gleichsam ein tätiges und schöpferisches Warten. Ich denke vor allem an eine schwangere Frau, von der der Volksmund sehr schön sagt, sie sei „in guter Erwartung". Voll Sehnsucht wartet sie auf die Geburt ihres Kindes. Doch eine Frau, die neun Monate lang ihr Kind erwartet, ist höchst schöpferisch, und zwar gerade darin, dass sie das neue Leben in sich reifen lässt. Es ist ein waches und tätiges Warten. Es kann freilich auch ein gespanntes und angstvolles Warten sein, weil die werdende Mutter in der Ungewissheit lebt, was auf sie zukommen wird. Das neue Leben kann zudem einschneidende Veränderungen in die eheliche Gemeinschaft bringen.

Zu solch schöpferischem Warten und zu solch gespannter Wachsamkeit ruft uns auch die Adventszeit auf. Wir sind eingeladen, wieder neu mit Christus schwanger zu gehen, damit es an Weihnachten zu einer befreienden Christusgeburt in uns kommen kann. Zugleich sind wir herausgefordert, uns auf die Veränderungen in unserem Leben vorzubereiten, die diese Christusgeburt mit sich bringen wird.

1.2 Die Uhren umstellen

Von daher erschließt sich auch der tiefe Sinn der liturgischen Ordnung, dass mit dem ersten Adventssonntag zugleich der Anfang eines neuen Kirchenjahres verbunden ist. Das Kirchenjahr beginnt nicht mit dem bürgerlichen Neujahrstag, sondern mit dem kirchlichen Advent. Dies hat für unser christliches und kirchliches Leben Grundlegendes zu bedeuten. In dieser offenkundigen Unterordnung des Beginns des bürgerlichen Jahres unter das Geheimnis des Glaubens wird die Verwandlung unserer Zeit angesagt, die durch die Menschwerdung Gottes in Christus geschehen ist. Dieses Geheimnis ruft dazu auf, dass unsere Welt-Zeit anders werden soll. Das Kirchenjahr will uns dazu anleiten, unsere Zeit nicht Gott-los, sondern vor und mit Gott zu leben. Genau darin liegt der wirklich alternativ zu nennende Lebensstil, zu dem uns das Kirchenjahr ermutigen will.

Im Kirchenjahr begehen wir die Feier des Erlösungsgeheimnisses, das in Christus offenbar geworden ist. Es wäre deshalb besser, vom Christusjahr statt vom Kirchenjahr zu sprechen. Damit kommt zum Ausdruck, dass auch unsere Zeit Christus gehört, dem in allem der Vorrang gebührt. Mit Christus zu leben heißt vor allem, die Zeit wachsam und schöpferisch zu nützen. Es bedeutet im präzisen Sinn das Zeitliche zu segnen. „Das Zeitliche segnen": Dies pflegen wir gewöhnlich von einem sterbenden Menschen zu sagen, und hier gilt es ja auch in besonders radikaler Weise. Für uns Christen aber vollzieht sich das Segnen des Zeitlichen nicht erst im Sterben. Es ist vielmehr jede Zeit eine Zeit der Gnade und des Segens Gottes. Dies gilt in ganz besonderer Weise von der Adventszeit, die wir durch unser tätiges Warten auf das Kommen des Herrn segnen wollen.

1.3 Ein prophetischer Impuls von Papst Johannes Paul II.

Mit dem ersten Adventssonntag 1996 begann eine ganz besondere Adventszeit, nämlich die unmittelbare Vorbereitung auf das Jahr 2000, zu der Papst Johannes Paul II. uns alle aufgerufen hatte. Er wünschte, dass wir die letzten Jahre des zu Ende gehenden zweiten Jahrtausends dazu nutzen, uns im Geist des christlichen Evangeliums auf die Jahrtausendwende vorzubereiten, um das Geheimnis der Menschwerdung Gottes als Herzmitte unseres Glaubens zu feiern und zu verlebendigen. Wir Christen, so Papst Johannes Paul II., leben deshalb in einer adventlichen Situation: Dieser prophetische Impuls durchzieht fast alle Äußerungen des damaligen Papstes. Bereits in seiner Antrittsenzyklika hatte er betont: „Wir befinden uns in gewisser Weise in der Zeit eines neuen Advents, in einer Zeit der Erwartung."[1]

Zur Vorbereitung auf das Jahr 2000 hatte der Papst ein eigenes, sehr reiches und auch selbstkritisches Apostolisches Rundschreiben mit dem Titel *Tertio millennio adveniente* verfasst, das auch heute noch die Lektüre lohnt. Mit diesem Schreiben entsprach der Papst dem Zeitempfinden vieler Menschen heute. Das runde Jahr 2000 warf sein Licht oder seinen Schatten in unsere Gegenwart hinein. Es übte eine große Faszinationskraft aus, es wirkte wie ein entscheidender Epochenwechsel und rief auch extreme Reaktionen hervor: Viele Menschen öffneten sich entweder für apokalyptische Visionen und sahen die Endzeit oder eine befreiende Wendezeit am Himmel anbrechen. Dies erzeugte eine umheimliche Stimmung spannungsgeladener Erwartung oder lähmender Angst. Das Jahr 2000 vermochte Menschen in seinen faszinierenden oder angstbeladenen Bann zu nehmen.

Demgegenüber waren wir Christen im Blick auf das Jahr 2000 zunächst zu einer gläubigen Nüchternheit gerufen. Sie war angebracht bereits im Rückblick auf die vergangenen zweitausend Jahre Christentumsgeschichte. Dem wollte der Papst dadurch entsprechen, dass er als ersten wichtigen Schritt eine umfassende und selbstkritische Gewissensprüfung der Kirche hinsichtlich ihres Versagens in der Geschichte anregte. Er wusste darum, dass ein öffentlicher „Bußpsalm" der Kirche vonnöten war, wenn wir Christen redlich vor Gott und glaubwürdig vor den Menschen das kommende Jahrtausend beginnen wollten. Mit Recht hatte deshalb Kardinal Joseph Ratzinger, heute Papst Benedikt XVI., im Blick auf das Jahr 2000 vor „magischen Erwartungen" gewarnt, die dahingingen, dass automatisch „irgendwelche großen kosmischen oder auch kulturellen oder religiösen Ereignisse eintreten" würden.[2]

Wir Christen wären andererseits aber schlecht beraten gewesen und hätten die Herausforderung der gegenwärtigen Zeit nicht wahrgenommen, wenn wir die Feier des Jahres 2000 den apokalyptischen Beschwörern der Endzeit und den esoterischen

Predigern einer befreienden Wendezeit überlassen hätten. Wir Christen hatten vielmehr aus unserem Glauben heraus eine unverwechselbare und hoffnungsvolle Einstellung zur Jahrtausendwende zu leben. Denn wir beschwören weder die *Endzeit,* noch sahen wir uns in der Lage, eine rein irdische *Wendezeit* anzukündigen. Wir lebten und leben auch heute vielmehr im Glauben, dass die „*Fülle der Zeit*" in Jesus Christus bereits angebrochen ist und wir als Christen unsere Sendung darin finden, verheißungsvolle Schritte in die Zukunft zu wagen. Nur so konnte die Jahrtausendwende für uns zu einem Neuanfang werden.

Hier lag der entscheidende Grund, dass der Papst die Vorbereitung auf das Jahr 2000 mit einer Erneuerung unseres Christusglaubens beginnen ließ und 1997 zum Christusjahr erklärte. Dieses sollte uns zum vitalen Anlass werden, unseren Glauben an Jesus Christus, den wahren Herrn der Welt, zu erneuern und zu vertiefen. Denn mit dem Glauben an Jesus Christus und an die in seinem Tod und in seiner Auferstehung uns geschenkte Erlösung steht und fällt unser Christsein. Möge sich auch bei uns bewahrheiten, was Paulus in seinem Brief an die Korinther schreibt: „Das Zeugnis über Christus wurde bei euch gefestigt, so dass euch keine Gnadengabe fehlt, während ihr auf die Offenbarung Jesu Christi, unseres Herrn wartet" (1 Kor 1,6–7).

1.4 Von Maria lernen

Damit schließt sich der Kreis jener adventlichen Aspekte, über die ich kurz nachdenken wollte: Die beginnende Adventszeit, der damit verbundene Anfang eines neuen Kirchenjahres und die stets neue geistliche Vorbereitung auf das Gnadenjahr 2000 gehören unlösbar zusammen. Sie bilden einen Dreiklang, der nur gelingen wird, wenn keiner von diesen drei Klängen ausfällt. Dieser Dreiklang vermag zudem nur harmonisch zu werden, wenn er mit dem Notenschlüssel der Glaubenshaltung Mariens ertönt. Maria ist ja die adventliche Gestalt schlechthin, weil sie ihr ganzes Leben auf Christus hin gelebt und Christus in unserer Welt und für unsere Welt geboren hat. Von Maria lässt sich denn auch die schöne Grundhaltung des wahrhaft christlichen Advents lernen. Diese hat der große evangelische Theologe und christliche Blutzeuge des Naziregimes, Dietrich Bonhoeffer, so ausgedrückt: „Ich glaube, dass Gott … auf aufrichtige Gebete und verantwortliche Taten wartet und antwortet."

Christliches Leben im Advent kann auch heute nur aus zweierlei bestehen: im Beten und im Tun des Gerechten. Sie sind der Inbegriff adventlicher Erwartung. Ich hoffe, dass beides uns gelingen wird und dass wir die Adventszeit hin auf Weihnachten und auf die Feier der Menschwerdung Gottes in Jesus Christus nützen werden: Wir wollen unseren Glauben erneuern, unsere Hoffnung nähren und die Liebe in der Grundhaltung eines schöpferischen Wartens bewähren.

2. Sehnsucht wecken

„Wenn du ein Schiff bauen willst, so trommle nicht Leute zusammen, um Holz zu beschaffen, Werkzeuge vorzubereiten, Aufgaben zu vergeben und die Arbeit einzuteilen, sondern wecke in ihnen die Sehnsucht nach dem weiten, endlosen Meer." Mit Hilfe dieser sensiblen Wegweisung des französischen Schriftstellers und Piloten Antoine de Saint-Exupéry lässt sich der tiefe Sinn der Österlichen Bußzeit besser erfassen.

In diesen Worten des Dichters kommt seine Lebensüberzeugung zum Ausdruck: Es ist viel besser, in den Menschen die Sehnsucht nach dem weiten Meer zu wecken, als die Arbeit für den Bau eines Schiffes zu vergeben. Wenn wir diese Weisheit auf unseren Glauben übertragen, muss man sie sinngemäß so abwandeln: Es ist zunächst wichtiger, in den Menschen heute die Sehnsucht nach dem weiten Meer des wahren und ewigen Lebens zu wecken, als das gegenwärtige Leben zu organisieren. Steht diese Wegweisung aber nicht quer zu unserem durchschnittlichen Leben in der Kirche heute? Wer hält es nicht nur im weltlichen Alltag, sondern auch im kirchlichen Leben nicht für wichtiger, Leute zusammenzutrommeln, Holz zu beschaffen, Werkzeuge vorzubereiten, Aufgaben zu vergeben und die Arbeit einzuteilen, als in den Menschen die Sehnsucht nach dem weiten Meer des wahren Lebens zu wecken?

2.1 In der Wüste

Die Fastenzeit, die auch Österliche Bußzeit heißt, ist, wie das Evangelium (Mk 1,12–15) zeigt, zunächst eine Zeit der Wüste, in der Jesus selbst seine Versuchungen erleben musste. Die Wüste war für Jesus aber nicht nur der Ort der Versuchungen; sie war auch der Ort einer intensiven Gotteserfahrung. Denn in die Wüste der Versuchungen wurde Jesus vom Heiligen Geist geführt. Wenn Jesus am eigenen Leib Versuchungen hat erfahren müssen, dann werden auch wir Christen und Christinnen heute nicht von ihnen verschont bleiben. Wie könnte uns der Ort fremd sein, den Jesus selbst aufgesucht hat? Solange wir als das pilgernde Volk Gottes unterwegs sind, bleiben auch uns Wüstenerfahrungen nicht erspart.

Die zweifellos grundlegendste Versuchung von uns Menschen heute besteht darin, dass wir den Himmel, der uns weithin verschlossen ist, auf Erden suchen und finden wollen. Für dieses Bemühen stehen uns aber im heutigen gesellschaftlichen Leben nur wenige Betätigungsfelder zur Verfügung, genauerhin die des Amüsements, der Arbeit und der Liebe. Deshalb droht die große Gefahr, dass wir Menschen uns heute zu Tode amüsieren, zu Tode arbeiten und sogar zu Tode lieben, wie prominente Fachexperten des modernen Lebens mit Recht sagen.[3] In dieser angestrengten Diesseitigkeit des modernen Lebens wird aber die alte Weisheit ausgeblendet, die besagt: „Wer die Erde zum Himmel machen will, macht sie zuverlässig zur Hölle." Aller Erfahrung nach öffnen sich von daher schreckliche Wüsten im Leben der Menschen wie beispielsweise Sinnlosigkeit, Süchte und Beziehungskrisen.

2.2 Feuerprobe des Glaubens

Die Fastenzeit mutet uns zu, uns solchen Wüstensituationen zu stellen. Sie schenkt uns zugleich die Verheißung, dass wir mitten in der Wüste den lebendigen Wasserquellen Gottes begegnen dürfen, um uns an ihnen zu laben. Vor allem will die Fastenzeit unsere ganze Aufmerksamkeit auf das Ziel unserer Wüstenwanderung ausrichten: auf Ostern, das Fest der Überwindung des Todes durch das neue Leben Gottes, das in der Auferweckung Jesu Christi sichtbar geworden ist. Ostern ist deshalb das Urfest aller christlichen Feiertage. Es bewahrheitet nicht nur die Weisheit von Saint-Exupéry, sondern mit diesem Fest steht und fällt unser ganzes Christsein.

Diesen radikalen Ernstfall unseres Glaubens hat bereits Paulus gegenüber den Korinthern mit aller nur wünschbaren Deutlichkeit namhaft gemacht: „Wenn es keine Auferstehung der Toten gibt, ist auch Christus nicht auferweckt worden. Ist aber Christus nicht auferweckt worden, dann ist unsere Verkündigung leer und euer Glaube sinnlos" (1 Kor 15,13–14). Dieselbe Grundüberzeugung hat die Alte Kirche in der kernigen Kurzformel verdichtet: „Nimm die Auferstehung hinweg, und auf der Stelle zerstörst du das Christentum." Die ersten Christen waren sich ganz und gar dessen bewusst, dass der Glaube an die Auferweckung Jesu Christi und deshalb an das ewige Leben der Menschen den Kerngehalt ihres Bekenntnisses bildet. Denn beim Bekenntnis zur Auferstehung Jesu geht es nicht bloß um einen mehr oder minder wichtigen Zusatz zum christlichen Gottesglauben, sondern um seine Radikalisierung, gleichsam um die Feuerprobe, die unser Glaube zu bestehen hat.

2.3 Zu Christus gehören

Sind wir Christen und Christinnen uns aber auch heute immer dessen bewusst, dass Ostern die schönste Antwort auf unsere tiefste Sehnsucht nach dem weiten Meer des wahren Lebens ist? Und glauben wir wirklich, dass wir an diesem neuen Leben der

Auferweckung bereits Anteil erhalten haben in unserer Taufe? Denn Taufe und Ostern gehören unlösbar zusammen. Sie verkünden unsere unaufkündbare Verbundenheit mit Jesus Christus. In der Taufe sind wir hineingenommen in das Geheimnis von Tod und Auferweckung Jesu Christi. Das große „Ja", das Gott an Ostern zur ganzen Welt gesprochen hat, wird in der Taufe für den einzelnen Menschen ganz konkret. Er wird Sohn oder Tochter Gottes und damit Bruder oder Schwester Jesu Christi.

Diese bleibende Zugehörigkeit zu Christus ist uns allen in der Taufe geschenkt. Die österliche Bußzeit will uns deshalb einladen, uns auf das Grundgeheimnis unseres Glaubens, auf Tod und Auferweckung Jesu Christi, zu besinnen und unsere Taufe zu ratifizieren, die uns am ewigen Leben Gottes Anteil schenkt. In diesem Sinn hatte Papst Johannes Paul II. im Rahmen der großen Vorbereitung auf die Jahrtausendwende das Jahr 1997 zum Christusjahr erklärt und damit die Verlebendigung unserer Taufwürde verbunden. Wenn wir uns darauf mit offenem Herzen einlassen, kann die Fastenzeit für uns alle zu einem willkommenen und notwendigen Anlass von christlichen Jahresexerzitien werden.

2.4 Dienst am Leben

Die neue Orientierung an Ostern als dem Fest der Stillung unserer Sehnsucht nach dem ewigen Leben wird uns dabei keineswegs ablenken von unseren wichtigen Aufgaben in der Gegenwart. Sie wird uns vielmehr ermutigen, uns entschiedener diesen Aufgaben zu stellen und uns vor allem für das Leben der Menschen und der ganzen Schöpfung einzusetzen. In diesem Dienst am Leben werden bereits in der heutigen Welt Spuren des uns verheißenen Lebens in Fülle erfahrbar. Wenn wir wirklich aus der Hoffnung auf das Leben nach dem Tod leben, werden wir auch die Kraft erhalten, gegen alle Formen des von Menschen produzierten Todes anzukämpfen. Denn die österliche Hoffnung auf das ewige Leben führt uns von selbst zum leidenschaftlichen Kampf in der heutigen Welt, genauerhin zum Kampf:

gegen den Tod für das Leben,
gegen die Ausbeutung für mehr Gerechtigkeit,
gegen den Krieg für den Frieden,
gegen die Zerstörung für die Bewahrung der Schöpfung
und gegen alle Feindseligkeit für Versöhnung.
Um nochmals die Lebensweisheit von Saint-Exupéry aufzugreifen: Wenn man ein Schiff bauen will, ist es zwar in der Tat besser, in den Menschen die Sehnsucht nach dem weiten Meer zu wecken, statt Holz zu beschaffen, Werkzeuge vorzubereiten, Aufgaben zu vergeben und die Arbeit einzuteilen. Sobald aber die Sehnsucht nach dem weiten Meer geweckt ist, werden die Menschen aus eigenem Antrieb und unverzüglich an die Arbeit gehen und das geplante Schiff bauen. Genauso trübt auch unsere österliche Hoffnung auf das ewige Leben keineswegs den Blick für das gegenwärtige irdische Leben. Sie zeigt uns vielmehr, welche Konsequenzen sich aus unserem Osterglauben für die christliche Praxis im Alltag ergeben.

In diesem Sinn sind wir Christen und Christinnen wieder neu herausgefordert, in einem gesunden Gleichgewicht zu halten, was sich nicht trennen lässt: Unsere Verantwortung für das Diesseits erwächst aus der echten Jenseitshoffnung. Aus unserem Ausblick auf das Jenseits erwächst aber auch echte Hoffnung für das Diesseits. Genau dies gilt es heute von Grund auf neu zu buchstabieren: aus der österlichen Hoffnung auf das Leben nach dem Tod – heute und jetzt leben!

Dieses Gleichgewicht lässt sich nur erreichen, wenn wir uns in unseren österlichen Christusglauben neu verwurzeln und daraus frische Freude an unserem Christsein und an der Kirche als der Gemeinschaft der glaubenden und auf Jesus Christus getauften Menschen gewinnen. Nehmen wir die Fastenzeit als Chance wahr, unseren Glauben zu vertiefen, unsere Taufe zu verlebendigen und daraus unser Leben neu zu orientieren. Denn wer österlich getauft ist, ist die feierlich-ernste Selbstverpflichtung eingegangen, immer mehr ein Mensch zu werden, der gerade nicht „mit allen Wassern gewaschen" ist, sondern allein mit dem Wasser des neuen Lebens in Christus. Er wird sich deshalb auch weiterhin bemühen, in diesem „Lebenswasser" zu schwimmen.

3. Geistlich leben

Die Zeit des Advents steht unter dem besonderen Vorzeichen des Heiligen Geistes, und zwar in zweifacher Hinsicht. Der Engel Gabriel antwortet auf die Frage Marias, wie denn die Geburt Jesu geschehen soll, mit der Verheißung: „Der Heilige Geist wird über dich kommen, und die Kraft des Höchsten wird dich überschatten" (Lk 1,35). Die Geburt Jesu wird damit als Wunder des Heiligen Geistes gedeutet. In der adventlichen Vorbereitungszeit auf das Jahr 2000, das große Gedenken an Christi Geburt in der „Fülle der Zeit" (Gal 4,4), war in der Schau von Papst Johannes Paul II. das Jahr 1998 dem Heiligen Geist gewidmet.

3.1 Geist und Leben

Wer ist der Heilige Geist? Viele Christen heute sagen, dass sie sich unter dieser Gestalt nicht viel vorstellen können. Der Heilige Geist gilt weithin als der „unbekannte Gott", der im alltäglichen Leben so gut wie keine Rolle spielt. „Wir haben noch nicht einmal gehört, dass es einen Heiligen Geist gibt" (Apg 19,2): Dieser Satz steht sogar im Neuen Testament, gesprochen von einigen Jüngern in Ephesus. Er ist symptomatisch auch für das heutige Empfinden. Der Heilige Geist ist gleichsam das „Stiefkind" unseres Glaubens. Das Jahr 1998 wollte uns deshalb in besonderer Weise in das Geheimnis des Heiligen Geistes vertiefen und uns mit ihm vertrauter machen.

Einen wichtigen Zugang eröffnet uns bereits das Glaubensbekenntnis des Konzils von Konstantinopel im Jahre 381. Es hat bei der Erwähnung des Heiligen Geistes vor allem die Aussage hinzugefügt, er sei der, „der lebendig macht". Darin liegt der Schlüssel zur biblischen Schau des Heiligen Geistes. Schon auf der ersten Seite besingt die Heilige Schrift das Wirken des Gottesgeistes bei der Entstehung der Schöpfung. Es ist der Geist, der über den Wassern schwebte, als die „Erde noch wüst und leer" war (Gen 1,2). Der Geist ist so gleichsam die „Mutter" allen Lebens in der Schöpfung. Und sein Vibrieren über den Urwassern ist die verheißungsvolle Ouvertüre der Schöpfung, mit der der Frühling des Lebens angekündigt wird.

Gemäß dem zweiten Schöpfungsbericht hängt auch und gerade das Leben der Menschen an der lebendigmachenden Wirksamkeit des Geistes Gottes. Der aus Erde gebildete Mensch wird erst dadurch zum Leben erweckt, dass Gott ihn anhaucht und ihm den Lebensodem schenkt. Der Mensch vermag folglich allein im Kraftfeld des Geistes Gottes zu leben. Dies beschreibt der Psalmist in ergreifender Weise, wenn er zu Gott von den Geschöpfen spricht: „Wenn du deinen Atem (= Geist) aussendest, werden sie geschaffen, und du erneuerst das Antlitz der Erde" (Ps 104,30).

Der Heilige Geist ist wirksam vor allem im ganzen Leben Jesu. Dieses lässt sich ohne die Lebensdynamik des Geistes gar nicht verstehen. Schon die Empfängnis Jesu im Mutterleib Mariens ist die Frucht des lebenschöpferischen Wirkens des Heiligen Geistes. In der Taufe am Jordan kommt der Heilige Geist auf Jesus herab, und seine Sendung geschieht in der Kraft des Geistes. Vollends die Auferweckung Jesu aus dem Tod in das neue Leben Gottes ist die große Befreiungstat des Heiligen Geistes.

3.2 Geist-liche Menschen werden

Der Heilige Geist ist in der biblischen Sicht der Ursprung und Urgrund allen Lebens in der Schöpfung und in der Geschichte der Menschen. Er ist keineswegs der „unbekannte Gott". Er ist vielmehr an seinen Wirkungen zu erkennen, deren elementarste im Leben besteht. Er wünscht sich auch uns Christen und Christinnen als durch und durch lebensstarke und deshalb Geistliche Menschen. Geist-liche Menschen sind wir, wenn wir – auch und gerade in unserer menschlichen Schwachheit – auf die Lebenskraft des Heiligen Geistes vertrauen und uns auf sein Wirken verlassen. Geist-liche Menschen schauen nicht nur auf das Sichtbare und Machbare, auf das Planbare und Leistbare. Sie bauen vielmehr auf das unverfügbare Wirken des Geistes Gottes, sie lassen sich von ihm überraschen und leben in seinem Atem.

Dies gilt besonders im Lebensraum der Kirche. Der Heilige Geist ist auch der Ursprung allen Lebens in der Kirche. Ohne das Wehen dieses Geistes wäre die Kirche ein geist- und deshalb lebloses Gerippe. Die Kirche ist aber unendlich mehr als eine menschliche Organisation. Als Ort der Gegenwart des Geistes ist sie vielmehr ein lebendiger Organismus. Der Heilige Geist ist in der Kirche vor allem daran zu erkennen, dass er auf ein Leben in Frieden und Freiheit hin zielt: „Der Herr aber ist der Geist; und wo der Geist des Herrn wirkt, da ist Freiheit" (2 Kor 3,17). Das untrügliche Erkennungszeichen des Geistes Gottes besteht darin, dass er nie Leben mindert oder abwürgt, sondern Leben ermöglicht und befreit.

Solches Bauen auf das unverfügbare Wirken des Heiligen Geistes verwirklicht sich nirgendwo so deutlich wie im Gebet und im Gottesdienst. Das Gebet ist selbst eine schöne Wirkung des Heiligen Geistes. Denn eigentlich sind es nicht wir Menschen, die beten; es ist vielmehr der Heilige Geist, der in uns betet: „So nimmt sich auch der Geist unserer Schwachheit an. Denn wir wissen nicht, worum wir in rechter Weise beten sollen; der Geist selber jedoch tritt für uns ein mit Seufzen, das wir nicht in Worte fassen können" (Röm 8,26). Beten heißt deshalb im Tiefsten Sehnsucht werden nach Gott hin, auf Gott hoffen – gespannt wie eine Sehne.

Im Gottesdienst der Kirche dürfen wir die befreiende Erfahrung machen, dass das Entscheidende im christlichen und kirchlichen Leben von Gott her geschieht. Das Wirken des Heiligen Geistes steht deshalb im Mittelpunkt aller Sakramente, besonders der Feier der Eucharistie, in der vor dem Einsetzungsbericht in der sogenannten Epiklese der Geist auf die Gemeinde und auf die Gaben herabgerufen wird. Damit wird sinnenfällig, dass die

Eucharistie nicht in unserer Verfügung steht und nicht von uns gemacht wird. Sie ist vielmehr das demütige und wirkmächtige Gebet um das Kommen des Heiligen Geistes.

Die in Gebet und Gottesdienst erfahrbare gläubige Gelassenheit im Vertrauen auf das Wirken des Heiligen Geistes führt uns freilich nicht in die Passivität des Nichtstuns. Sie setzt in unserem Leben vielmehr höchste Aktivität frei. Für den glaubenden Menschen gibt es aber keine größere Aktivität als die Öffnung der Katakomben des eigenen Herzens und das Empfänglich-Werden für Gott. Darauf wartet Gott, um wirken zu können. Dass Gott Mensch werden will und wird, ist zwar seine ganz persönliche Initiative. Und doch kann und will Gott nicht Mensch werden ohne die freie Zustimmung des Menschen, der sich selbst anbietet, zum Ort des Wohnens Gottes in der Welt zu werden.

3.3 Wo wohnt der Heilige Geist?

In exemplarischer Weise zeigt sich dies an Maria. Sie hat so gelebt, dass sie für Gott ganz offen, für Gott durchlässig und bewohnbar, ja dass sie selbst ein Ort Gottes geworden ist. Maria ist die schöne Wohnung des Heiligen Geistes in unserer Welt geworden. Sie hat ihm ihren eigenen Leib und damit sich selbst zur Verfügung gestellt, damit Gott Mensch werden kann. In Maria hat der Heilige Geist Wohnung genommen und das Wunder des neuen Lebens in der Geburt Jesu Christi gewirkt.

In dieser Glaubenshaltung ist Maria das Urbild der Kirche. Deshalb besteht auch die tiefste Bestimmung der Kirche darin, zu nichts anderem da zu sein als dafür, die Wohnung des Heiligen Geistes in der Welt zu sein. Kirche gibt es letztlich nur, damit Gott in der heutigen Welt gesehen werden kann. Müssten wir nicht immer wieder von Maria her unser Kirchesein lernen? Dann würde uns gewiss in neuer Weise aufgehen, dass die Kirche nicht ein von uns Menschen gemachtes Produkt ist, sondern das Werk des Heiligen Geistes. Denn Leben entsteht nie durch Machen, sondern durch Geborenwerden und schließt Geburtswehen in sich.

Maria führt uns damit in die Grundsituation unseres Kircheseins hinein. Dies ist die Situation des Advents. Der Evangelist Lukas bringt dies sehr schön zum Ausdruck, wenn er Maria als die adventliche Frau schlechthin gleich zweimal darstellt: zu Beginn seines Evangeliums, da Maria die Geburt ihres Sohnes erwartet, und zu Beginn der Apostelgeschichte, da Maria die Geburt der pfingstlichen Kirche erwartet. Genauso sind auch wir als Kirche berufen, im Advent auf das Kommen Gottes in der Kraft seines Geistes zu leben und uns selbst als Wohnung für den Heiligen Geist zur Verfügung zu stellen.

Advent feiern heißt zutiefst, wie Maria in jenes Ja eintreten, das immer neu den Raum der Gottesgeburt eröffnet. Advent feiern heißt marianisch werden, und wahre Marienfrömmigkeit ist immer adventlich. Zu einer solchen Glaubenshaltung ruft uns die liturgische Zeit des Advents auf, in der wir auf das Herabkommen des Heiligen Geistes in unser Leben hoffen und unser Leben Geist-voll gestalten.

4. In vielen Sprachen einander verstehen

Geburtstage spielen im Leben von uns Menschen eine große Rolle. Den Geburtstag eines lieben Menschen zu vergessen, wird mit Recht als Unachtsamkeit empfunden. Instinktiv spüren wir, dass uns bei der Geburt Wesentliches auf den Lebensweg schon mitgegeben ist. Es ist deshalb gut, immer wieder auf diesen Tag zurückzukommen. Dies gilt auch von der Glaubensgemeinschaft der Kirche, deren Geburtstag wir am Pfingstfest feiern.

4.1 Weltweiter Horizont

Der Pfingstbericht in der Apostelgeschichte (2,1–13) zeigt uns die Kirche in der Stunde ihrer Geburt. Dieser Bericht mag uns freilich beim ersten Hinhören recht exotisch vorkommen. Besondere Probleme können uns die vielen Ländernamen bereiten.

Vielleicht haben einzelne den Gottesdienst Mitfeiernde sich sogar gefragt, warum der Lektor oder die Lektorin zum besseren Verständnis des biblischen Textes diese komplizierten Bezeichnungen nicht einfach weglässt. Betrachten wir aber die Lesung als ganze, wäre mit dem Wegstreichen der Namen gerade nicht einem besseren Verständnis gedient. Aus dem Geburtstag der Kirche wäre vielmehr ein zentraler Inhalt weggeschnitten.

Lukas erwähnt die Ländernamen deshalb so genau, weil es ihm um die Universalität der Kirche bereits in ihrer Geburtsstunde geht. Von Ost nach West und von Nord nach Süd nennt der Evangelist zunächst die zwölf Länder der damaligen Welt. Danach sprengt er diese Grenzen und geht bis nach Rom und zur Insel Kreta. Damit zeigt Lukas, dass die Kirche nicht erst im Laufe der Geschichte allmählich universal geworden ist. Die Kirche ist vielmehr von ihrem Ursprung her und seit ihrer Geburt universal, eine Glaubensgemeinschaft mit weltweitem Horizont. In diesem ursprünglichen Sinne ist sie „katholisch": in allen Sprachen sprechend und doch eins in demselben Geist.

Diese Universalität der Kirche hat das Zweite Vatikanische Konzil neu bewusstgemacht. Mit Recht hat man deshalb dieses großartige Ereignis in unserem Jahrhundert als „neues Pfingsten" bezeichnet. Wenn wir diese Erkenntnis beherzigen, gibt es nicht einfach eine Kirche in der Ersten, Zweiten und Dritten Welt. Wir sind vielmehr entweder Welt-Kirche oder nicht katholische Kirche. Sie kann sich deshalb nicht auf ein Land oder auf eine Kultur allein festlegen, auch nicht auf Europa. Denn Europa ist weder der Nabel der Welt noch der Nabel der Kirche. Wenn die Kirche überhaupt einen Nabel hat, dann befindet er sich in Jerusalem, wie im Pfingstbericht deutlich aufscheint.

Pfingsten ermutigt uns, am weltweiten Horizont unserer Kirche neue Freude zu gewinnen. Und Pfingsten lädt uns ein, unseren Blick zu weiten über unsere politischen und kulturellen Grenzen hinaus auf die weltweite Universalität der Kirche. Natürlich ereignet sich Kirche zunächst an unserem konkreten Lebensort, vor allem in der Pfarrei. Diese verdient aber nur dann die Ehrenbezeichnung „katholisch", wenn er ein prinzipiell offener Ort ist: offen für andere Pfarreien, offen für die Andersprachigen unter uns und offen für andere Ortskirchen, und zwar im Geben wie im Empfangen. Ortskirchen, die sich in sich abschließen wollen, oder gar Nationalkirchen sind demgegenüber nicht katholisch.

4.2 Vielfalt und Einheit

Die Universalität der Kirche zeigt sich an Pfingsten vor allem darin, dass die Menschen zwar in allen Sprachen sprechen, aber einander dennoch verstehen. Der Pfingstbericht schreibt es dem Wirken des Heiligen Geistes zu, dass die Sprachbarrieren überwunden werden können, die so sehr die Verständigung unter den Menschen aus den verschiedensten Völkern erschweren. Aus eigener Erfahrung wissen wir ja, dass es unter uns Menschen vor allem zwei große Sprachprobleme gibt: Wir meinen entweder Dasselbe und verwenden dafür verschiedene Wörter, oder wir sprechen dieselbe Sprache und meinen doch Verschiedenes.

Diese das menschliche Zusammenleben belastenden Sprachprobleme sind an Pfingsten überwunden. Denn wo der Geist Gottes am Werk ist und wo man gemeinsam auf ihn hört, da ist die Sprachenvielfalt unter den Menschen nicht mehr die Ursache für Missverständnisse und Trennungen, sondern der Lebensgrund für gegenseitiges Verstehen und bereichernde Begegnungen.

Der Geist Gottes wirkt in der Vielfalt der Sprachen die Einheit im Verstehen. Das ist sein großartiges Wunder: „Alle begannen in fremden Sprachen zu reden, wie es der Geist ihnen eingab" (Apg 2,4). Dieses pfingstliche Sprachenwunder wäre freilich von Grund auf missverstanden, wenn es als Fortführung oder Wiederholung der babylonischen Sprachenverwirrung betrachtet würde. Vielmehr trifft das Gegenteil zu: Die Menschen von Babel suchen zwar auch Einheit und Vereinigung. Doch die von ihnen gesuchte und erstrebte Einheit ist eine selbstproduzierte. Deshalb führt die von ihnen konstruierte Einheitsgesellschaft die Menschen gerade nicht zusammen, sondern bringt sie durcheinander und auseinander. Denn Gleichmacherei verbindet und versöhnt nicht, sondern entzweit und trennt.

Uniformistische Gleichschaltung ist und bleibt die Grundversuchung von Babel. Sie ist aber das pure Gegenteil von Pfingsten. Denn die pfingstliche Kirche spricht nicht eine Einheitssprache, schon gar nicht eine selbsterfundene. Sie spricht viele Sprachen, aber in einer befreienden Einheit im Heiligen Geist. „Gleich und gleich gesellt sich gern": Dies ist gerade nicht die Sprache des Heiligen Geistes. Er ermöglicht vielmehr Einheit in der liebenden Anerkennung des Anderen in seinem Anderssein.

Das Pfingstfest will uns helfen, nicht in das uniformistische Modell von Babel zurückzufallen, sondern das farbige Modell der pfingstlichen Welt-Kirche zu leben. Dazu brauchen wir jenen Mut zur Vielfalt der Sprachen in der befreienden Einheit des Heiligen Geistes, der am ersten Pfingstfest wirksam geworden ist. Denn wenn die eine Weltkirche in allen Völkern beheimatet ist und verschiedene Sprachen spricht, dann wird sie so bunt, dass wir uns an ihrem Reichtum erfreuen können.

4.3 Babel und Pfingsten heute

Pfingsten spornt uns an, die Vielfalt der Sprachen und die Einheit im Heiligen Geist zusammenzusehen. Denn Einheit und Vielfalt fördern sich wechselseitig. Nur so ist die Kirche wirklich ein Ort der Verständigung zwischen den Menschen und den Völkern. Als Zeichen und Werkzeug der Einheit unter den Völkern zu wirken, ist ihre Sendung, wie sie das Zweite Vatikanische Konzil in die Erinnerung gerufen hat. Diese Sendung kann die Kirche aber nur wahrnehmen, wenn sie wahrhaft „katholisch" ist und wenn im Lebensraum der Kirche selbst Verständigung und Versöhnung gelingt.

Die Erfahrung zeigt freilich, dass wir heute in der Kirche nicht nur Pfingsten, sondern auch Babel erleben. Dies ist überall dort der Fall, wo Christen und Christinnen mit verschiedenen Meinungen und Ansichten nicht mehr auf das Evangelium und aufeinander hören und in der Folge einander nicht mehr verstehen, sondern wo sie sich beispielsweise mit den letztlich erbarmungslosen Etiketten „konservativ" und „progressiv" versehen und so gegenseitig exkommunizieren. Solche Lagerbildungen sind deutliche Anzeichen der chronischen Sprachenverwirrung Babels in der heutigen Kirche.

Was heute dringend nottut, ist das allseitige Bemühen, die Einheit des Geistes in der Vielfalt der Sprachen zu finden. Dazu brauchen wir eine gleichsam „innerkatholische Ökumene". Diese erweist sich manchmal als schwieriger denn die Ökumene zwischen den christlichen Konfessionen und die Begegnung zwischen den Weltreligionen. Doch die innerkatholische Ökumene ist und bleibt der Tatbeweis dafür, ob wir als Kirche der gegenseitigen Verständigung unter den Menschen und Völkern, Konfessionen und Religionen glaubwürdig dienen können.

Nach dem biblischen Bericht ist das pfingstliche Sprachenwunder die Beendigung und Heilung der babylonischen Sprachenverwirrung in der Kraft des Heiligen Geistes. In diesem Wunder kommt der grundlegende Unterschied zwischen Babel und Pfingsten an den Tag: Die Menschen von Babel reden in einer Sprache, aber nur von ihren eigenen Großtaten. Die Menschen an Pfingsten reden in vielen Sprachen, aber einmütig von den Großtaten Gottes. Darin besteht ein – im buchstäblichen Sinn – „himmelweiter" Unterschied.

4.4 Kirche wird neu geboren

Diesen Unterschied können und sollten wir immer wieder vollziehen im Gebet. Denn das Gebet hat nicht den Stolz Babylons, sondern die Liebe des Heiligen Geistes zum Inhalt. Das Gebet ist deshalb der eigentliche Entstehungsort der pfingstlichen Kirche. Pfingsten ereignet sich nicht irgendwo, sondern setzt die Versammlung zur Gebetsgemeinschaft voraus: „Sie alle verharrten dort einmütig im Gebet, zusammen mit den Frauen und mit Maria, der Mutter Jesu, und mit seinen Brüdern" (Apg 1,14). Auch heute wirkt der Heilige Geist dort, wo wir uns zum Gebet versammeln und uns als vom Geist gewirkte Gemeinschaft vor Gott erfahren.

Das Gebet füreinander verhilft uns dazu, unsere Schwestern und Brüder mit verschiedenen Meinungen und Richtungen in einem neuen Licht zu sehen, im hellen Horizont des Heiligen Geistes. So ist das Gebet das Lebenselixier der Verständigung und die Intensivstation der Versöhnung. Pfingstlich leben wir als Kirche dort, wo wir zumindest soviel füreinander beten, wie wir übereinander reden und einander kritisieren. Das Gebet macht uns vor allem bewusst, dass die Zukunft der Kirche nicht einfach in unserer Regie liegt, sondern in der Hand des Heiligen Geistes. Unsere ernste Verpflichtung aber ist es, auf ihn gemeinsam zu hören.

Ein Blick in die Geschichte der Kirche zeigt, dass es immer der Heilige Geist gewesen ist, der neue Aufbrüche in ihr gewirkt hat, oft genug überraschend und gegen menschliche Erwartungen und Planungen. Dem Heiligen Geist zu trauen und ihm auch eine gute Zukunft für unsere Kirche zuzutrauen, ist für mich das Gebot der gegenwärtigen und jeder Kirchenstunde.

5. Nach Hause gehen

In der christlichen Vorbereitung auf das zweitausendjährige Jubiläum der Menschwerdung Jesu Christi war das letzte Jahr dem Geheimnis des göttlichen Vaters gewidmet. Damit verbunden war die Einladung, das christliche Leben als Pilgerschaft zum Haus des himmlischen Vaters zu vertiefen und die Grundhaltung der Buße gleichsam als geistlichen „Proviant" auf dem Weg der Heimkehr zum Vater wahrzunehmen. Dieser Aufruf zur Umkehr setzt voraus, dass unser Leben einem Weg gleicht, der manchmal eine falsche Richtung nimmt. Deshalb sind wir herausgefordert, einen neuen Weg zu suchen und auf den richtigen Weg zurückzukehren.

5.1 Gott kehrt sich zum Menschen

Wir alle wissen aus eigener Anschauung, dass solche Umkehr nicht leicht ist. Diese Erfahrung machten bereits die alttestamentlichen Propheten. Jeremia musste feststellen, dass er trotz seiner intensiven Umkehrpredigt nicht den geringsten Erfolg verbuchen konnte. Dies verstärkte in ihm die Annahme, dass seine Zeitgenossen zur Umkehr gar nicht fähig sind, was er mit einem ausdrucksstarken Bild verdeutlichte: „Ändert wohl ein Neger seine Hautfarbe oder ein Leopard seine Flecken? Dann könntet auch ihr euch noch bessern, die ihr ans Böse gewöhnt seid" (Jer 13,23). Von dieser beinahe rhetorischen Frage her ist es nur ein kleiner Schritt zur Überzeugung, dass dem Menschen aus eigener Kraft solche Umkehr gar nicht möglich ist. Denn sein Herz ist oft ein „Herz aus Stein", wie der Prophet Ezechiel diagnostiziert. Damit Umkehr stattfinden kann, ist ein Neuschaffen des Herzens durch Gott selbst notwendig, wie Gott es durch den Prophetenmund verheißt: „Ich nehme das Herz von Stein aus ihrer Brust und gebe ihnen ein Herz von Fleisch, damit sie nach meinen Gesetzen leben und auf meine Rechtsvorschriften achten und sie erfüllen" (Ez 11,19).

Diese „Herztransplantationsarbeit", die Gott an uns vollziehen will, bildet die unabdingbare Voraussetzung für unsere Umkehr. Ja, Gott geht sogar noch einen Schritt weiter und vollzieht zuerst *seine* Umkehr zu uns Menschen. Diesen großartigen Gedanken, dass der Umkehr des Menschen zu Gott die Umkehr Gottes zu uns Menschen vorangeht, hat vor allem der Prophet Hosea entfaltet, wenn er Gott selbst sprechen lässt: „Wie könnte ich dich preisgeben, Efraim, wie dich aufgeben, Israel? Mein Herz wendet sich gegen mich, mein Mitleid lodert auf. Ich will meinen glühenden Zorn nicht vollstrecken und Efraim nicht noch einmal vernichten. Denn Gott bin ich, nicht ein Mensch, der Heilige in deiner Mitte" (Hos 11,8–9). Gottes Umkehr besteht also darin, dass er sich fast selbstbeschwörend daran erinnert, dass er Gott ist und nicht ein Mensch. Er besteht deshalb nicht auf Vergeltung, wie wir Menschen es so oft tun. Gott behaftet sein

Volk nicht bei seiner treuelosen Vergangenheit. Er steht vielmehr in seiner Liebe zu seinem Volk und ermöglicht ihm dadurch eine verheißungsvolle Zukunft. Er schenkt ihm einen neuen Anfang, indem er verzeiht. Denn Gott will nicht den Tod des Sünders, sondern dass er umkehrt und lebt (vgl. Ez 18,23).

Dieses großartige Hohelied der Liebe Gottes im Alten Testament erfährt bei Jesus eine wesentliche Vertiefung. In seinen Augen ist die von uns Menschen geforderte Umkehr nicht die Bedingung, um das Heil erlangen zu können. Sie ist vielmehr die Konsequenz des uns von ihm im voraus geschenkten Heils. Deshalb steht bei Jesus die Zumutung der Umkehr ganz im Licht seiner Freudenbotschaft vom Kommen des Reiches Gottes: „Kehrt um! Denn das Himmelreich ist nahe" (Mt 4,17). Dieses betonte „denn" zeigt, dass in der Botschaft Jesu die Zusage der Nähe des Himmelreiches das Fundament menschlicher Umkehr bildet. Diese Freudenbotschaft erwartet von uns Menschen aber eine positive Stellungnahme, die nur in der Umkehr zu Gott bestehen kann.

Solche Umkehr zu Gott muss freilich auch im zwischenmenschlichen Bereich wirksam werden. Dass Buße und Umkehr erfreuliche Konsequenzen haben, scheint im Prophetenbuch Jesaja deutlich auf: *„Dann* schmieden sie Pflugscharen aus ihren Schwertern und Winzermesser aus ihren Lanzen. Man zieht nicht mehr das Schwert, Volk gegen Volk, und übt nicht mehr für den Krieg" (Jes 2,4). Die Frucht der Umkehr besteht im Ende des Krieges zwischen den Menschen und im Aufblühen des Friedens. Er ist freilich nicht Menschenwerk, sondern die Konsequenz der Hinwendung aller Menschen zu Gott. Er ist deshalb nur möglich, wenn die Nationen, wie der Prophet sagt, zum Berg des Herrn wallfahren, sich zu ihm hinwenden und sich von ihm neue Wege zeigen lassen, eben Wege der Umkehr.

5.2 Himmelsgeschenk der Sündenvergebung

Umkehr ist stets Hinwendung zu Gott. Sie ist das großartige Angebot Gottes an uns Menschen, die wir immer wieder schuldig werden. Die Tragik dieser Erfahrung liegt dabei darin, dass wir Menschen mit unserer Schuld so oft allein sind und von unserer Schuld nicht mehr loskommen. Dies ist eine furchtbare Erfahrung. Denn wer von seiner Schuld nicht mehr loskommt, wird letztlich sich selbst nicht mehr los, sondern ist sein eigener Gefangener. In dieser Situation bleibt das schlechte Gewissen des Menschen mit sich selbst allein. Dann dreht sich alles im Kreis, und zwar in einem teuflischen Kreis. Und dieser Kreis, in dem der Mensch bei allem, was er tut und erlebt, nur sich selbst und seiner Schuld begegnet, ist der schrecklichste aller Teufelskreise. In diesem Teufelskreis wird das menschliche Leben gespenstisch einsam.

Ist es in dieser bedrängenden Lebenssituation nicht heilsam, wenn Gott selbst in das Gefängnis der Schuld einbricht und diese gespenstische Einsamkeit aufbricht? Ist es nicht ein unglaubliches Geschenk des Himmels, wenn Gott Menschen von ihrer Schuld freispricht und alles daran setzt, dass sie von ihrer Schuld und damit von sich selbst loskommen und nicht mehr ihre eigenen Gefangenen im erbarmungslosen Schuldgefängnis bleiben müssen? Ist deshalb nicht Gott allein jener universale Gesprächspartner, an den wir uns in jedem Fall mit unserer Bitte um Vergebung wenden und dem gegenüber wir Reue empfinden können?

Alle diese Fragen finden eine positive Beantwortung im kirchlichen Sakrament der Buße. Es verheißt, dass es sich bei der urmenschlichen Sehnsucht nach dem lösenden Wort der göttlichen Vergebung nicht um einen unerfüllbaren Wunschtraum handelt, sondern dass sie eine tiefe Befriedigung finden kann: Gott „wird sein Volk mit der Erfahrung des Heils beschenken in der Vergebung der Sünden" (Lk 1,77). Im Auftrag Gottes und im Namen der Kirche darf der Priester dem Menschen diese Vergebung zusprechen, und zwar gerade nicht im Sinne einer selbstgemachten Beschwichtigung oder Beschönigung, sondern im Sinne des wirksamen Wortes der viel größeren Vergebung Gottes über der noch so schweren Schuld des Menschen: „Deine Sünden sind dir vergeben!"

In den letzten Jahrzehnten ist es in den meisten Pfarreien vor allem in der Schweiz üblich geworden, das kirchliche Bußsakrament in der Gestalt der gemeinsamen Bußfeier zu vollziehen. Darin sehe ich eine gute Entwicklung. Diese Form macht uns bewusst, dass wir auch als Gemeinschaft schuldig werden und als Kirche der Sünder vor Gott stehen. Auf der anderen Seite wäre es aber ein großer Verlust, wenn deswegen die Einzelbeichte nicht mehr praktiziert würde. Es wäre ein großer Verlust nicht nur für den schweren Sünder, für den Mörder oder Ehebrecher, sondern für jeden Christen und jede Christin. Denn in der persönlichen Einzelbeichte konfrontiert sich der einzelne Christ vor Gott mit seiner individuellen Schuldgeschichte. Er bringt sein schuldhaftes Verhalten zur Sprache, um Reue und seine Bereitschaft zur Erneuerung persönlich auszusprechen und die tröstliche Zusage zu hören, dass die Sünden von Gott her vergeben sind.

In diesem persönlichen Schuldbekenntnis geht es nicht einfach um eine „Art geistliche Steuererklärung", die dem absolvierenden Priester die richtige Bußtaxation ermöglichen soll. Es geht vielmehr „um den (immer irgendwie hilflosen und nie vollkommen gelingenden) Versuch des Schuldigen, sich selbst bekennenderweise in der Wahrheit des Gotteswortes wiederzufinden".[4] Dem Beichtvater kommt dabei die schöne Aufgabe zu, als verständnisvoller Glaubensbruder dem Menschen bei seiner Selbstfindung zu helfen und sein Bekenntnis in die Vergebungsbitte gegenüber Gott münden zu lassen. Zugleich macht das Sündenbekenntnis vor dem Priester als dem Repräsentanten der Kirche dem Menschen bewusst, dass er mit seinem schuldhaften Verhalten der Glaubwürdigkeit der Kirche als des Leibes Christi Schaden zufügt.

Das Bekenntnis ist zudem die einzige Sprachform, in der die Sünde zum Ausdruck gebracht werden kann. Denn im Bekenntnis bestätigt der Mensch seine Freiheit als Ursprung seiner Schuld. Damit wagt er es, sich auch und gerade dort bei seiner Freiheit behaften zu lassen, wo sich so viele Menschen ansonsten daran gewöhnt haben, sich auf gesellschaftliche Sachzwänge zu berufen oder Schuld anderen zuzuweisen. Die Einzelbeichte nimmt demgegenüber die Freiheit des Menschen ernst. Ich möchte deshalb einladen und ermutigen, es wieder einmal mit einem persönlichen Beichtgespräch zu versuchen. Dabei geht es nicht einfach um eine vereinzelte Frömmigkeitsübung. Es kann uns vielmehr helfen, uns auf die Mitte unseres Glaubens zu besinnen.

5.3 Buße im Licht der Taufe

Buße, Umkehr und Versöhnung stehen im Zentrum der Botschaft Jesu und sollten deshalb auch das Leben der Christen und der Kirche prägen. Die Vergebung der Sünden vollzieht sich dabei in biblischer Sicht zunächst in der Taufe. So wird in der Apostelgeschichte der Zuruf des Petrus überliefert: „Kehrt um, und jeder von euch lasse sich auf den Namen Jesu Christi taufen zur Vergebung seiner Sünden"(Apg 2,38). Und das Glaubensbekenntnis von Nizäa und Konstantinopel spricht von der „einen Taufe zur Vergebung der Sünden". Die Sündenvergebung hat ihren ursprünglichen und eigentlichen „Sitz im Leben" in der Taufe. Christliche Buße kann deshalb nur die Gestalt der Erinnerung an die Taufe haben. Buße ist die lebenslange Aneignung jenes Geschenks der Versöhnung Gottes mit uns Menschen, das uns in der Taufe zuteil geworden ist.

Dort, wo die Rückerinnerung an die Taufe den ihr zukommenden Platz im christlichen Bußbewusstsein erhält, dort liegt sein Grundakkord auf der Freude des uns in Jesus Christus geschenkten neuen Lebens. Von der Taufe her steht das ganze Leben des Christen im Vorzeichen der Osterfreude. Wenn die Melodie der christlichen Buße den Notenschlüssel der Tauffreude zurückgewinnt, dann ist uns im Sakrament der Buße ein großartiges Geschenk angeboten. Es hilft uns, das christliche Leben als irdische Pilgerschaft und als Heimkehr zum himmlischen Vater zu verstehen und zu gestalten.

Darin besteht der Anruf der Adventszeit, über der die Aufforderung des Apostels Paulus zur Wachsamkeit steht: „Die Nacht ist vorgerückt, der Tag ist nahe." Aus dieser Ansage ergibt sich für den Apostel von selbst die Forderung: „Darum lasst uns ablegen die Werke der Finsternis und anlegen die Waffen des Lichts"

(Röm 13,11–12), und zwar jenes Lichtes, das uns an Weihnachten geschenkt wird. In diesem Licht geht uns vollends die unglaubliche Großzügigkeit des himmlischen Vaters auf, der uns in Jesus Christus das Kostbarste geschenkt hat, das er uns geben kann, nämlich seinen eigenen Sohn, und in dem er uns einlädt, zu ihm, dem Vater der grenzenlosen Liebe, heimzukehren.

6. An einen konkreten Gott glauben

Im Evangelium des vierten Adventssonntags begrüßt der Engel Gabriel die Jungfrau Maria: „Fürchte dich nicht; denn du hast bei Gott Gnade gefunden. Du wirst ein Kind empfangen, einen Sohn wirst du gebären: dem sollst du den Namen Jesus geben" (Lk 1,30–31). Mit diesen Worten tut der Engel kund, was Gott mit Maria zum Heil der ganzen Welt vorhat. An Weihnachten feiern wir dieses Geheimnis der Menschwerdung Gottes in Jesus Christus; und im Heiligen Jahr 2000 durften wir das große Jubiläum dieses zentralen Heilsereignisses mit besonderer Freude festlich begehen.

6.1 Weihnachtliche Leidenschaft an Gott

Im Mittelpunkt von Weihnachten und des ganzen Heiligen Jahres steht das Geheimnis der Inkarnation, der Herabkunft des Gottessohnes auf unsere Erde und seiner Menschwerdung im heute sogenannten Heiligen Land vor zweitausend Jahren. Das Heilige Jahr hat das Überraschende dieses Ereignisses uns wieder neu vor Augen geführt und zu Herzen gehen lassen. Denn seit der ersten Weihnacht erscheint Jesus Christus als „die wahre Neuheit, die jede Erwartung der Menschheit übersteigt".[5] Diese Neuheit zeigt, dass wir Christen und Christinnen etwas äußerst Konkretes glauben, nämlich dass Gott selbst Mensch geworden ist, als Mensch unter Menschen, um uns teilhaben zu lassen an der Fülle seines dreifaltigen Lebens.

Zwischen diesem Ereignis und unserer Gegenwart liegt eine sehr lange Zeit. Deshalb haben wir manchmal den Eindruck, dass dieses Geschehen bald nicht mehr wahr sein könnte. Dies bedeutet nicht, dass wir Christen nicht mehr an Gott glauben würden. Aber an welchen Gott glauben wir eigentlich? Immer wieder höre ich, dass Gott zwar ein „höheres Wesen" sei, mit dem in Beziehung zu kommen aber nicht leicht sei. Dieses „höhere Wesen" mag den Urknall angestoßen haben; aber mehr bleibt ihm kaum in der aufgeklärten Welt von heute. Und es wirkt auf viele Menschen geradezu mythologisch, diesem „höheren Wesen" Aktionen in der Welt zuschreiben zu wollen.

Ein solcher Gott aber, der nur noch als ein „höheres Wesen" empfunden wird, ist weder zum Fürchten noch zum Lieben. Es fehlt die elementare Leidenschaft an Gott. Liegt nicht darin die tiefste Glaubensnot der heutigen Zeit, die man als Krise des Gottesglaubens bezeichnen kann? Viele Menschen können sich kaum mehr vorstellen, dass Gott in der Welt handelt und sich um den einzelnen Menschen kümmert. Zudem droht der Glaube an Gott als ein „höheres Wesen" im Leben letztlich unverbindlich zu bleiben – ganz im Unterschied zu den frühen Christen, die wegen ihres Glaubens an den in Jesus Christus Mensch gewordenen Gott sogar der Gotteslästerung angeklagt und den Löwen vorgesetzt worden sind. Denn der Glaube an den Gott, der in seinem eigenen Sohn Mensch werden und unter den Menschen wohnen will, ist schon damals als etwas sehr Befremdliches empfunden worden.

6.2 Gottes Liebe zur Erde

Dieses Befremdliche macht genau den entscheidenden Kern des christlichen Glaubens aus, wie er an Weihnachten vor unsere Augen tritt. Dieses Fest zeigt uns, dass Gott nicht einfach irgendein „höheres Wesen", sondern eine konkrete Person ist und uns als Mensch begegnet. Im Geheimnis der Menschwerdung Gottes scheint das Tiefste des christlichen Glaubens auf: die leidenschaftliche Liebe Gottes zur Erde. Dass Gott als ein „höheres

Wesen" in seinem Himmel reich ist, darum wissen alle Religionen der Welt und dies erahnen wohl die meisten Menschen. Die unerhörte Botschaft von Weihnachten aber heißt: Gott will zusammen mit seinen Geschöpfen arm sein. Er will in seinem reichen Himmel an der armen Menschenwelt mitleiden. Deshalb hat er es durch die Menschwerdung seines Sohnes ermöglicht, sein Leiden der Liebe seinen Geschöpfen glaubwürdig zu erweisen.

Darin besteht der Ernstfall von Weihnachten: Ausgerechnet in einem Menschen wollte sich Gott uns Menschen zu erkennen geben und uns nahekommen, und zwar so, wie er selbst ist. Der wahre und ewige Gott versteckt sich nicht hinter den Mauern seiner Ewigkeit; er schaut nicht teilnahmslos vom fernen Himmel auf unsere Erde herab. Er ist vielmehr sichtbar und greifbar geworden, wie wir Menschen es auch sind. Er ist selbst einer von uns Menschen geworden. Er ist nackt und verwundbar geworden: aus Fleisch und Blut!

Dies zeigt sich auch und gerade am Kreuz des menschgewordenen Gottessohnes. Sein Kreuz ist nicht, wie heute immer wieder beargwöhnt wird, der Ausdruck eines furchtbar grausamen Gottes. Es verhält sich vielmehr umgekehrt: Grausam wäre doch gerade ein Gott, der angesichts aller menschlichen Nöte sich von ihnen nicht berühren ließe. Die biblische Botschaft aber zeigt uns, dass der Gott, der in Jesus Mensch geworden ist, auch und gerade am Kreuz seines Sohnes mitgelitten hat und sich von allem Leiden seiner Geschöpfe anrühren lässt.

Da Gott konkret für uns Menschen da sein und so wirklich die Liebe sein will, deshalb wollte er auch ganz persönlich Mensch werden – in Jesus Christus aus der Kraft des Heiligen Geistes. So spricht es der Engel Gabriel Maria zu: „Der Heilige Geist wird über dich kommen, und die Kraft des Höchsten wird dich überschatten" (Lk 1,35). Wenn wir diese Verheißung ernst nehmen, dann ist der christliche Glaube an den Dreieinen Gott unendlich mehr als eine theologische Theorie. Er ist der Ausdruck dafür, dass Gott nicht einfach ein „höheres Wesen" ist, sondern in seinem Sohn selbst Mensch geworden und auch heute in unserem Leben und in der ganzen Schöpfung gegenwärtig ist.

6.3 Lobpreis des dreifaltigen Gottes

Dies ist das Wunder der Weihnacht, das uns vom Glauben an die Menschwerdung des Gottessohnes von selbst zum Geheimnis des Dreieinen Gottes führt. Dieses Geheimnis stand im Mittelpunkt des Großen Jubiläums des Jahres 2000. Auf die Vertiefung und Erneuerung dieses Glaubensgeheimnisses lief die unmittelbare Vorbereitung des Jubiläums zu. Sie vollzog sich in unserer Kirche in einem Drei-Jahres-Schritt, der dem Geheimnis der göttlichen Personen in der Dreieinigkeit nachgebildet war. Die drei Vorbereitungsjahre flossen schließlich zusammen in der Feier des großen Jubeljahres, dessen Ziel die Verherrlichung der Dreifaltigkeit selbst ist: durch Christus im Heiligen Geist zu Gott-Vater. Deshalb haben wir im Bistum Basel das Große Jubiläum am Dreifaltigkeitssonntag gefeiert.

Zu diesem Glaubensgeheimnis ist und bleibt Jesus Christus der einzige Zugangsweg, der uns an Weihnachten eröffnet ist. Und unser Erlöser, der vor zweitausend Jahren aus dem Schoß Mariens zur Welt gekommen ist, bietet sich uns auch heute weiterhin vor allem im Sakrament der Eucharistie als Quelle des göttlichen Lebens dar. Hier ereignet sich immer wieder neu Bethlehem, was genau übersetzt „Haus des Brotes" heißt. In der Sicht Papst Johannes Pauls II. sollte deshalb das Jahr 2000 ein „intensiv eucharistisches Jahr" sein.[6] Diese Intensität brauchen wir, um aus dem großen Geheimnis der Eucharistie zu leben. Gerade in der heutigen Zeit, in der wegen des Priestermangels verschiedene Pfarreien die Feier der Eucharistie immer mehr entbehren müssen, sind wir erst recht verpflichtet, die gläubige Wertschätzung dieses großartigen Geschenkes wach zu halten und zu vertiefen.

6.4 Mütterliches Geheimnis in der Eucharistie

Die Eucharistie ist wirklich ein „Geheimnis des Glaubens", wie der Priester oder der Diakon jeweils nach dem Einsetzungsbericht spricht. Darauf antworten wir mit der Akklamation: „Deinen Tod, o Herr, verkünden wir und deine Auferstehung preisen wir, bist du kommst in Herrlichkeit." Wir bekennen damit, dass die Feier der Eucharistie die Kernmitte unseres Glaubens und das Lebenszentrum der kirchlichen Gemeinschaft ist und bleibt. Die Eucharistie ist die „Milch Gottes", die wir so nötig haben.

Mit diesem schönen Bild, das die Kirchenväter gerne verwendet haben, eröffnet sich uns auch der Blick auf das mütterliche Geheimnis unseres Glaubens, wie es kurz vor Weihnachten im Mittelpunkt der Frohen Botschaft steht. Hier stellt sich Maria ganz als menschliche Wohnung für die Menschwerdung des Gottessohnes zur Verfügung: „Ich bin die Magd des Herrn; mir geschehe, wie du es gesagt hast" (Lk 1,38). Genauso kann auch für uns die Neuevangelisierung nur dann zu einer neuen Verwurzelung im Glauben werden, wenn wir wie Maria offen sind und Gott bei uns wohnen lassen: in unserem Herzen und alltäglichen Leben, in unseren Ehen und Familien, in unseren Pfarreien und kirchlichen Gemeinschaften.

Wenn wir Christen und Christinnen selbst eine Wohnung Gottes sind, können wir glaubwürdig verkünden und mit dem Leben bezeugen, dass wir nicht einfach an ein „höheres Wesen" glauben. Wir glauben vielmehr an einen ganz konkreten Gott, der in seinem eigenen Sohn Mensch geworden ist und der auch heute uns seine weihnächtliche Nähe schenkt.

7. Den Glauben bekennen

Im Namen des Vaters und des Sohnes und des Heiligen Geistes – dieses Heilszeichen vollziehen wir immer als Beginn unseres Betens und als segnenden Abschluss. Wir zeichnen das Kreuz über uns und lassen uns in die Segenskraft des Dreifaltigen Gottes hineinnehmen. Wir zeichnen das Kreuz über andere Menschen, indem wir ihnen Segen wünschen und damit das Herzensanliegen verbinden, dass sie nicht mehr aus dem Lebensraum dieses Segens fortgehen mögen. Wir zeichnen das Kreuz auch über Gegenstände, die uns wichtig sind, uns im Leben begleiten und gleichsam mit dem Segen Gottes neu empfangen. Das Kreuzzeichen ist so die eigentliche Segensgebärde der Christen und Christinnen und ihre grundlegende Gebetsgebärde überhaupt. Es ist deshalb würdig und recht, über dieses Zeichen und seine Bedeutung für unser Glaubensleben nachzudenken.

7.1 Das Kreuzzeichen als grundlegendes Glaubensbekenntnis

Das Kreuzzeichen ist in erster Linie ein leiblich ausgedrücktes Bekenntnis unseres Glaubens an Jesus Christus, den durch Menschenhand Gekreuzigten, aber durch Gottes Hand Auferweckten. Wenn wir uns mit dem Zeichen des Kreuzes besiegeln, dann sagen wir ein sichtbares und öffentliches Ja zu Dem, der für uns Mensch geworden ist, uns das Kommen des Reiches Gottes verkündet, für uns gelitten hat und für uns auferstanden ist. Mit dem Zeichen des Kreuzes glauben wir an Jesus Christus gemäß den tiefen Worten des Heiligen Paulus: „Wir verkünden Christus als den Gekreuzigten: für Juden ein empörendes Ärgernis, für Heiden eine Torheit, für die Berufenen aber, Juden wie Griechen, Christus, Gottes Kraft und Gottes Weisheit" (1 Kor 1,23–14).

Mit dem Kreuzzeichen bekennen wir uns zu Dem, der das grausame Zeichen der Schande in ein Zeichen der erbarmenden Liebe Gottes und deshalb der Hoffnung für uns Menschen umgewandelt hat. Denn wir dürfen hoffen auf Den, der gerade in der Ohnmacht des Kreuzes stark ist, durch die Demut des Leidens und der Liebe wirkt, uns selbst in seiner scheinbaren Abwesenheit nahe ist und uns rettet. Das Zeichen des Kreuzes schenkt uns die tröstliche Verheißung, dass Christus uns auch in den Bedrängnissen unseres Lebens begleitet und uns neuen Mut zum Weitergehen gibt, indem wir dem Kreuz nachgehen und Christus nachfolgen: „Wer mein Jünger sein will, der verleugne sich selbst, nehme sein Kreuz auf sich und folge mir nach" (Mk 8,34).

Mit dem Kreuzzeichen glauben wir an Jesus Christus, der gestern, heute und in Ewigkeit Derselbe ist. Diese Zusage war das Leitwort des Jubiläumsjahres 2000, in dem wir der Menschwerdung des Gottessohnes auf unserer Erde gedachten. Im Mittelpunkt dieses Heiligen Jahres stand das Geheimnis der Dreifaltigkeit Gottes. Es sollte nach den Worten von Papst Johannes Paul II. „ein einziger, ununterbrochener Lobgesang auf die Dreifaltigkeit" sein.[7] Die ersten christlichen Jahrhunderte und die ersten vier großen Konzilien lehren uns, dass unser Glaube an Christus notwendigerweise zum Bekenntnis des dreifaltigen Gottes führt: Der Heilige Geist bahnt uns den Weg zu Christus, und Christus öffnet uns die Tür zum Vater. Damit ist Gott für uns nicht mehr ein unbekanntes Wesen. Er hat vielmehr einen konkreten Namen und ein deutliches Gesicht. Weil dieser Gott uns zuerst ruft, können und dürfen auch wir ihn anrufen.

7.2 Das Kreuzzeichen als Bekenntnis zum dreifaltigen Gott

Das Kreuzzeichen ist deshalb auch ein Bekenntnis zum dreifaltigen Gott. In diesem Kreuzzeichen mit der Anrufung des dreifaltigen Gottes ist das Wesen des christlichen Glaubens zusammengefasst und das unterscheidend Christliche zum Ausdruck gebracht. Dieses Bekenntnis hat heute nichts an Aktualität eingebüßt. Im Gegenteil: Wenn wir unsere multireligiös gewordene Gesellschaft wahrnehmen, dann geht es auch und gerade in der Begegnung mit dem Judentum und dem Islam um den Glauben an den dreifaltigen Gott. Diese drei großen abrahamitischen Religionen bekennen zwar selbstverständlich denselben Gott, weil es nur einen Gott geben kann. Dennoch ist in diesen drei Religionen die Kenntnis des einen Gottes verschieden. Dabei liegt der entscheidende Unterschied des christlichen Glaubens gegenüber Judentum und Islam im gläubigen Wissen um die Dreifaltigkeit des einen Gottes. Wir sind deshalb herausgefordert, diesen Edelstein unseres Glaubens gerade in der interreligiösen Begegnung mit dem Judentum und dem Islam in glaubwürdiger Weise neu zum Funkeln zu bringen. Denn auch das Christentum der Gegenwart und der Zukunft wird Glaube an den dreifaltigen Gott sein oder es wird nicht sein.

Mit diesem Glaubensgeheimnis ist uns vor allem die schöne Einsicht geschenkt, dass Gott selbst ein Wesen der Beziehung, der Gemeinschaft und der Kommunikation ist. Der dreifaltige Gott ist ganz und gar Mitteilung und sich verströmendes Leben. Der dreifaltige Gott ist in sich ein großes Spiel der gegenseitigen Liebe, das sich zwischen den drei göttlichen Personen ereignet, und zwar als Lieben (Vater), als Geliebtwerden (Sohn) und als Mitlieben (Heiliger Geist). In diesem Liebesspiel lebt der Vater ganz mit dem Sohn und der Sohn mit dem Vater, und beide finden die Einheit ihrer Liebe im Band des Heiligen Geistes. Das christliche Bekenntnis zum dreifaltigen Gott ist so die konsequente Auslegung des neutestamentlichen Spitzensatzes über Gott: „Gott ist die Liebe" (1 Joh 4,16).

Dieses schöne Gottesgeheimnis zu bedenken und aus ihm unser Leben zu gestalten, ist die besondere Einladung des kommenden Jahres des Glaubens an uns. Sie enthält die große Zumutung an uns, dass wir als kirchliche Gemeinschaft ein glaubwürdiges Abbild dieses dreifaltigen Gottes sind und es immer mehr werden. Wenn Gott nämlich in sich selbst beziehungsreiche Gemeinschaft ist, dann kann auch unser Leben des Glaubens in der Gemeinschaft der Kirche nur heißen: miteinander und füreinander sein.

7.3 Das Kreuzzeichen als Erinnerung an die Taufe

Wenn wir das Glaubensbekenntnis an den dreifaltigen Gott mit dem Kreuzzeichen verbinden, dann wird es uns auch zur Erinnerung an unsere Taufe. Wir alle sind getauft auf den Namen des dreifaltigen Gottes, der uns damit Anteil an seiner Lebensfülle schenkt. Jedesmal wenn wir uns mit dem Zeichen des Kreuzes besiegeln, erinnern wir uns an unsere Taufe und nehmen sie neu an. Dies gilt zumal, wenn wir das Kreuzzeichen dadurch verdeutlichen, dass wir geweihtes Wasser nehmen und uns bekreuzigen. Wir bringen damit unseren Glauben zum Ausdruck, dass wir unser Leben aus dem großartigen Ja heraus gestalten dürfen, das der dreifaltige Gott uns persönlich in der

Taufe zugesprochen und uns damit unwiderruflich angenommen hat.

An uns liegt es, den Bund, den Gott in der Taufe mit uns geschlossen hat, anzunehmen – jeden Tag neu. Darin erblicke ich das Gebot der gegenwärtigen Kirchenstunde. Denn die Taufe ist jenes sakramentale Band, das uns alle miteinander verbindet. In der Taufe ist uns von Gott her jenes Grundamt verliehen, das allen Gliedern der Kirche gemeinsam zukommt und eine fundamental gleiche Würde begründet. Diese schöne Sicht des Taufpriestertums aller Getauften hat uns das Zweite Vatikanische Konzil in Erinnerung gerufen: Aufgrund der Taufe waltet unter allen Gliedern der Kirche „eine wahre Gleichheit in der allen Gläubigen gemeinsamen Würde und Tätigkeit zum Aufbau des Leibes Christi".[8]

Das Taufpriestertum aller Glaubenden zu stärken, ist eine wichtige Aufgabe in der heutigen Kirche. Denn die Taufe auf den Namen des dreifaltigen Gottes ist die Mitte des kirchlichen Lebens und das schöne Erkennungszeichen des Christseins in allen seinen Situationen und Phasen. Und jede Erneuerung der Kirche muss ihren Anfang nehmen mit einer glaubensstarken Verlebendigung der Taufwürde bei allen Getauften. Dies rufen wir uns immer wieder in Erinnerung, wenn wir das Kreuzzeichen als grundlegendes Glaubensbekenntnis des Christen vollziehen.

8. Gottes Licht hereinscheinen lassen

„Siehe, Finsternis bedeckt die Erde, und Dunkel die Völker" (Jes 60,2a). Mit dieser realistischen Feststellung begründet der Prophet Jesaja seine hoffnungsvolle Ankündigung des Lichtes des Herrn. Auch heute feiern wir das Hochfest der Erscheinung des Herrn in einer Weltsituation von Finsternis und Dunkelheit. Ihr zentrales Stichwort heißt „Angst". Die Angst bedrängt uns Menschen und Völker, und wir leben in einem Zeitalter der Angst. Die Angst ist der unheimliche Begleiter auch unseres eigenen Lebens.

Die Angst hat vor allem ein vierfaches Gesicht: Wir haben Angst vor den Mitmenschen, ob sie es wirklich gut mit uns meinen oder ob es nicht doch angebracht ist, stets einen letzten Sicherheitsabstand von ihnen einzuhalten. Wir haben Angst vor uns selbst, dass uns aus dem Grund unseres Herzens die Einsamkeit in die Augen blickt. Wir haben Angst vor Gott, ob er wirklich die bedingungslose Liebe ist, wie er sich uns in Jesus Christus offenbart hat, oder ob er in unserem Leben doch mehr schweigt als dass er gegenwärtig nahe ist. In diesen drei Ängsten meldet sich schließlich die Urangst des Menschen vor dem Tod zu Wort. Denn der Tod ist die große Wunde, von der wir und die ganze Schöpfung geschlagen sind. Weil uns der Tod bedrängt, versuchen wir ihn in verschiedener Weise zu verdrängen. Dann aber meldet er sich wieder durch die Hintertür zu Wort. Seine Hintertür ist eben die Angst, die gleichsam der tägliche Tod ist.

8.1 Göttliche Therapie der menschlichen Angst

In dieser urmenschlichen Situation von Finsternis und Dunkelheit feiern wir das Hochfest der Erscheinung des Herrn. Sein Stichwort heißt „Licht", wie es bereits der Prophet Jesaja mit dem tröstlichen „Dennoch" Gottes angekündet hat: „Doch über dir geht leuchtend der Herr auf, seine Herrlichkeit erscheint über dir" (Jes 60,2b). Von daher will dieses schöne Fest auf eine Sehnsucht antworten, die in den Menschen aller Zeiten tief verwurzelt gewesen ist und auch heute in den Menschen lebendig ist. Es ist die Sehnsucht danach, dass das Licht Gottes in die Finsternis unseres Lebens und in die Dunkelheit unserer Welt hereinscheint. Diese Sehnsucht regt sich in den Herzen der Menschen selbst in der heutigen Gesellschaft, die – rein äußerlich betrachtet – weit weg von Gott lebt, in der weniger als die Hälfte der Menschen noch an Gott glaubt und in der Gott gleichsam die Mehrheit verloren hat. Auch in dieser Gott-fernen Lebenssituation halten die Menschen Ausschau nach einem Licht, das von jenseits der Welt her kommt und ihnen Aufklärung über die Grundfragen ihres Lebens schenkt: Woher kommen wir? Wer sind wir? Was dürfen wir hoffen? Und wohin werden wir dereinst gehen?

Angesichts dieser tiefen Sehnsucht der Menschen ist das Fest der Erscheinung des Herrn ein höchst aktuelles, wenn nicht gar das aktuellste Fest der Kirche überhaupt. Denn Epiphanie schenkt uns Menschen die tröstliche Antwort Gottes auf unsere Sehnsucht nach Licht mitten in der Dunkelheit der Angst. Dieses Fest verkündet, dass das Licht Gottes stärker ist als sogar die Nacht des Todes. Die frühe Kirche hat deshalb Epiphanie, das Hereinscheinen des Lichtes Gottes in unsere Welt, vor allem in der Auferweckung Jesu aus dem Tod in das neue Leben Gottes erfahren. Für die ersten Christen und Christinnen war Ostern ihr Hauptfest. Ein Weihnachtsfest gab es demgegenüber noch nicht, wie sehr uns dies heute auch erstaunen mag. Da stand eindeutig Ostern im Mittelpunkt des Glaubenslebens. Denn in dem den Tod überwindenden Handeln Gottes an Jesus Christus in seiner Auferweckung haben die ersten Christen und Christinnen Epiphanie erfahren: die Offenbarung der Herrlichkeit Gottes und damit das Hereinscheinen des göttlichen Lichtes in unsere Welt. Dieses Geheimnis haben sie an jedem Sonntag gefeiert, der deshalb der Urfeiertag im ganzen Kirchenjahr ist.

Im Bekenntnis zur Auferweckung Jesu Christi aus dem Tod in das neue Leben Gottes hat die frühe Kirche den Kern des christlichen Glaubens überhaupt wahrgenommen. Auf diesen Kern zurückzukommen, dazu sind wir auch heute eingeladen und herausgefordert. Denn auch und gerade heute steht und fällt der christliche Glaube mit dem Geheimnis von Ostern, das wir an jedem Sonntag feiern. Von der Auferweckung Jesu her fällt freilich auch Licht auf seinen ganzen Lebensweg und letztlich auf seine Geburt zurück. Epiphanie können wir deshalb nur im Vorschein von Ostern feiern. Denn im Vorschein der Offenbarung des Lichtes Gottes in der Auferweckung Jesu leuchtet auf, dass im Kind in der Krippe das Licht Gottes selbst erschienen ist.

8.2 Erscheinung des Lichtes Gottes in „Nazareth"

Im Menschen Jesus von Nazareth ist Gott selbst als das Licht der Welt in der Finsternis der Menschen und im Dunkel der Welt erschienen. Das große Glaubensbekenntnis der Kirche preist Christus deshalb als „Gott von Gott" und als „Licht vom Licht". Um im Kind in der Krippe den Sohn Gottes erkennen zu können, hilft uns freilich kein astronomisches Fernrohr, das die Menschen in der Neuzeit meisterhaft entwickelt haben. Es braucht vielmehr jenes Fernrohr des Herzens, das die Sterndeuter aus dem Osten auf den Weg gebracht hat und das nötig ist, um im Kind in der Krippe „den neugeborenen König der Juden" (Mt 2,2) wahrnehmen zu können.

Ein solches Fernrohr des Herzens brauchen auch wir, um im oft genug dunklen Alltag unseres Lebens den gegenwärtigen Gott erfahren zu können. Denn auch hier will sich uns Gott zu erkennen geben wie in seiner Menschwerdung im Leben Jesu. Dass Gott selbst Mensch geworden ist, ist zweifellos das umwerfendste Ereignis in der ganzen Menschheitsgeschichte. Und doch wirkt es unscheinbar, was Gott dabei tut. Dreißig Jahre lang fristet der Gottessohn in dem unbedeutenden Ort Nazareth sein Leben, und zwar in Gewöhnlichkeit und Alltäglichkeit, so dass der Evangelist Lukas darüber eigentlich nur zu berichten weiß, dass er dieses Leben geführt hat und dass er zugenommen hat nicht allein an Alter, sondern auch „an Weisheit und Gefallen bei Gott und den Menschen" (Lk 2,52). Gerade in dieser Unscheinbarkeit aber ist Nazareth der entscheidende Offenbarungsort der Herrlichkeit Gottes, die „Fleisch" wird und sich freilich auch im „Fleisch" verbirgt.

Gottes Menschwerdung in Nazareth will deshalb auch an uns Menschen heute eine Einladung sein, von dem oft genug geringfügigen und oft auch enttäuschenden Kleinkram des Alltags groß denken zu dürfen. Auch im „Nazareth" von uns heutigen Christen und Christinnen ist Gottes Herrlichkeit verborgen und will sich Epiphanie ereignen. Diese Verheißung ist uns zugesprochen in unserer Taufe. Es ist kein Zufall, dass dieses sakramentale Geschehen in der frühen Kirche „Erleuchtung" genannt wurde. Denn in der Taufe hat sich für uns persönlich Epiphanie ereignet.

In der Taufe ist Gottes Licht in unser Leben hereingeschienen, wie dies im traditionellen Ritus der Taufe sichtbar gemacht wird mit der Öffnung der Augen, des Mundes und der Ohren. Das Öffnen der Sinnesorgane im Taufritus bringt zum Ausdruck, dass die Taufe uns helfen will, unsere Taubheit und Blindheit für Gott zu überwinden. So beginnt mit der Taufe während eines ganzen Lebens eine Weggemeinschaft, in der wir herausgefordert sind, zu dem Licht Sorge zu tragen, das in unser Leben hereingeschienen ist in unserer Taufe, unserem persönlichen Epiphaniasfest.

8.3 Gemeinschaft der Anbetung Gottes

Wer dieses großen Geheimnisses des Hereinscheinens des Lichtes Gottes in unser Leben in unserer Taufe ansichtig wird, der kann nicht anders als wie die Sterndeuter in die Knie gehen und Gott im Kind in der Krippe anbeten. „Anbetung" ist heute gewiss ein arg unmodernes Wort geworden. Auf das erste Zusehen hin ist dies sogar verständlich. Denn in die Knie zu gehen, dies empfindet der heutige Mensch weithin als Entwürdigung. Er hat es vielmehr gelernt, den aufrechten Gang zu lieben, und er hat Angst, sein Rückgrat zu verlieren. In der Welt muss man schließlich „den Mann und die Frau stellen", und in der Welt ist in der Tat nichts und niemand anzubeten. Die Anbetung Gottes im Kind in der Krippe hingegen schenkt die heilsame Erfahrung, dass nur, wer ein starkes Rückgrat hat, sich tief bücken kann. Denn der Mensch darf dankbar erfahren, dass er seinen aufrechten Gang gerade Dem verdankt, vor Dem er in die Knie geht und Den er anbetet.

Dies zeigen uns auf eindrückliche Weise die Sterndeuter in der Weihnachtsgeschichte des Matthäus. Sie werfen sich vor dem Kind in der Krippe nieder und huldigen ihm, sie gehen vor ihm in die Knie und beten es an. Die ganze Weihnachtsgeschichte des Matthäus läuft jedenfalls auf die Anbetung des Kindes in der Krippe durch die Sterndeuter hinaus (Mt 2,11) – genauso wie das ganze Matthäusevangelium schließlich auf die Anbetung des Auferstandenen hinausläuft (Mt 28,17). Am Ende des Evangeliums werden nämlich die Jünger vor dem Auferweckten genauso niederfallen wie an seinem Beginn die Sterndeuter vor dem Kind in der Krippe. Damit schließt sich der Kreis des Evangeliums, und dieser ist ein Kreis der Anbetung Jesu Christi.

In Bethlehem finden die Sterndeuter den Sinn ihres Lebens, weil sie das Kind anbeten. Entsteht nicht da, wo die Magier dem Kind huldigen, eine ganz neue Gemeinschaft, gleichsam der Ursprung und der Vorschein der Kirche Jesu Christi? Denn was könnte die Kirche im Tiefsten anderes sein als die Gemeinschaft jener Menschen, die das Kommen Gottes als Kind in unsere Welt glauben und es anbeten, die in ihm das Licht ihres Lebens finden und die in der Taufe das Geschenk der göttlichen Erleuchtung empfangen haben!

Dass das Lebenselixier der Kirche die Anbetung Gottes ist, dies hat die Feier des Heiligen Jahres 2000 uns neu in die Erinnerung gerufen. Dieses Jubiläumsjahr wurde am Epiphaniasfest abgeschlossen. Die Heilige Pforte in Rom wurde wieder zugemacht, und es begann der Alltag wieder. Aber die schöne Verheißung dieses Heiligen Jahres bleibt: Jesus Christus ist die Heilige Türe zum Licht Gottes. Diese Tür steht immer offen und wartet darauf, von uns durchschritten zu werden. Nehmen wir diese Verheißung jeden Tag neu ernst, dann kann sich auch in unserem Alltag, in unserem „Nazareth", immer wieder Epiphanie ereignen, das Hereinscheinen des Lichtes Gottes in unser Leben herein, wie es der Prophet Jesaja zugesprochen hat: „Auf, werde licht, Jerusalem, denn es kommt dein Licht, und die Herrlichkeit des Herrn geht leuchtend auf über dir" (Jes 60,1).

9. Auch Nein sagen können

Die Österliche Bußzeit weist den Weg nach Ostern, der Feier der Auferstehung Jesu Christi. Sie ist das Fest des Lebens. Von Jesus Christus heißt es im Römerbrief, dass er das Leben gibt und wir durch ihn leben (Röm 5,17). Bereits im alttestamentlichen Buch Genesis wird bildlich dargestellt, dass der Mensch dadurch zu einem „lebendigen Wesen" wird, dass Gott ihm den Lebensatem in seine Nase bläst (Gen 2,7). Das Leben des Menschen ist das großartige Geschenk Gottes, des Schöpfers, Erlösers und Vollenders allen Lebens.

Im Licht unseres Glaubens an das von Gott geschenkte Leben werden wir auch sensibel für die großen Herausforderungen, die sich heute vor allem am Anfang und am Ende des menschlichen Lebens stellen. Die Probleme der Sterbehilfe und der Abtreibung zeigen, dass in der heutigen Gesellschaft das ethische und religiöse Bewusstsein immer mehr zu erlöschen droht, dass das menschliche Leben von der Empfängnis bis zu seinem natürlichen Tod unantastbar ist. Der heutige Mensch hat vielmehr den Eindruck, er habe das Recht, über das eigene Leben und das Leben anderer zu verfügen. Er begründet dieses Recht zumeist mit dem Anspruch auf Selbstbestimmung.

9.1 Freiheit des Sterbens?

Die Selbstbestimmung des Menschen ist heute derart zum höchsten Wert avanciert, dass der Mensch sogar die Art und Weise und den Zeitpunkt seines Sterbens selbst bestimmen möchte. Mit aktiver Sterbehilfe oder mit Beihilfe zur Selbsttötung, die schönfärberisch „Freitodhilfe" genannt wird, möchte der Mensch das Sterben selbst in die Hand nehmen und aus dem verhängten Schicksal des Sterbens einen Akt der menschlichen Selbstbestimmung machen. Gerne beruft man sich dabei auf Rainer Maria Rilkes Wunsch, den er in seinem Gedichtzyklus „Das Stunden-Buch" notiert hat: „O Herr, gib jedem seinen eigenen Tod."

Diese Einstellung ist zunächst verständlich. Angesichts der enormen Möglichkeiten der Medizin möchte der Mensch lieber sich selbst „ausgeliefert" sein als der medizinischen Technik. Dennoch stellt sich die Frage, ob sterbende Menschen wirklich so frei sind, wie die Forderung nach Selbstbestimmung voraussetzt. Würde nämlich die Beihilfe zum Suizid staatlich zugelassen, dann würde alten, behinderten und chronisch kranken Menschen, die sich ohnehin oft als minderwertig vorkommen, noch mehr nahegelegt, ihr als „nicht mehr wertvoll" empfundenes Leben beenden zu sollen. Dies würde die Angst alter und kranker Menschen vergrößern, sie könnten ihr Recht auf Leben gesellschaftlich verwirken.

Bei aller Sehnsucht nach Selbstbestimmung dürfen wir nicht vergessen, dass unser Leben zunächst nicht nur selbstbestimmt, sondern immer auch fremdbestimmt ist. Wir haben unser Leben und viele unserer Lebensinhalte zunächst von anderen erhalten und kommen erst so zur eigenen Selbstbestimmung. Dies zeigt sich auch und gerade beim Sterben. Liegt deshalb die Würde des kranken, alternden und sterbenden Menschen nicht darin, dass er sich selbst in seiner Hinfälligkeit annehmen und auch seine fremdbestimmten Grenzen bejahen kann? Müsste deshalb Sterbehilfe nicht darin bestehen, dem Sterbenden den Übergang in die letzte und endgültige Fremdbestimmung des Sterbens zu erleichtern? Und müsste in der heutigen Gesellschaft nicht alles daran gesetzt werden, dass Sterbende in Freiheit ihren eigenen Tod ausreifen können?

Der Mensch weiß zeitlebens um seinen Tod. Deshalb ist er im Grunde das einzige Lebewesen, das wirklich sterben kann. Von daher gehört es zu seiner Würde, sein eigenes Sterben vollbringen zu können. Dies hat übrigens Rainer Maria Rilke mit seinem Gebet um den eigenen Tod gemeint. Ihm ging es nicht um den „eigenen Tod" durch das Beenden des Lebens, sondern um das Sterben als Ausreifen des Lebens: „Denn dieses macht das Sterben fremd und schwer, dass es nicht unser Tod ist; einer der uns endlich nimmt, nur weil wir keinen reifen." Für Rilke liegt die wahre Freiheit und Selbstbestimmung des Menschen darin, das Erleben des eigenen Sterbens nicht durch ein vorzeitiges Beenden zu verhindern, sondern das Sterben als Ausreifen des Lebens zu vollbringen.

Dem Menschen darf folglich sein eigenes Sterben nicht genommen werden: weder dadurch, dass ein Mensch mit medizinischer Technik am Sterben gewaltsam gehindert wird, noch dadurch, dass ein Mensch durch sogenannte „Freitodhilfe" im umgekehrten Sinn am Sterben als der letzten Lebensphase gewaltsam gehindert wird, um ihn gleichsam „gesund sterben" zu lassen. Vielmehr sind sowohl der medizinischen Gewaltsamkeit als auch der menschlichen Verfügbarkeit über das Leben Grenzen gesetzt. Sterbehilfe kann deshalb nur Lebenshilfe sein; und diese besteht darin, den Menschen in der letzten Phase seines Lebens, nämlich in seinem Sterben, menschlich zu begleiten. In diesem Sinne des Vollbringens des eigenen Sterbens und nicht seines Verdrängens und Beendens macht sich auch der christliche Glaube für die Freiheit des Sterbens stark.

9.2 Selbstbestimmung über anderes Leben?

Geht es bei der Freiheit des Sterbens um das eigene Leben, so steht beim Problem der Abtreibung das Leben eines anderen Menschen auf dem Spiel. Trotz dieses großen Unterschiedes berufen sich Befürworter der sogenannten „Fristenregelung" auf die Selbstbestimmung der Frau über das Leben oder Sterben ihres Kindes. Die Erfahrung vieler, die in der Beratung von schwangeren Frauen tätig sind, zeigt aber, wie oft diese geforderte Selbstbestimmung der Frau fremdbestimmt wird. Wird das ungeborene Leben gesetzlich völlig schutzlos gelassen und seine „Zukunft" allein in die Hand der Mutter gelegt, ist die Gefahr sehr groß, dass sie noch vermehrt dem Druck ihres sozialen Umfeldes ausgesetzt wird und sich gar nicht frei für das Leben des Kindes entscheiden kann.

Die gesetzliche Regelung der Abtreibung hat das Dilemma zwischen dem Lebensrecht des Kindes vor der Geburt und dem Anspruch der schwangeren Frau auf eigene Entscheidung über das Lebendürfen des Kindes einseitig zugunsten der Selbstbestimmung der Frau und zuungunsten des Lebensrechtes des ohnehin wehrlosen Kindes entschieden. Die vordringliche Frage aber stellt sich, ob zwischen dem Anspruch auf Selbstbestimmung und dem Recht auf Leben überhaupt abgewogen werden darf. Denn beim Leben des Kindes handelt es sich um ein irreversibles Rechtsgut, während es sich bei der Selbstbestimmung um eine mehr oder weniger relative Einschränkung handelt.

Die „Fristenregelung" verzichtet von vorneherein auf den vom Staat geschuldeten Schutz des Rechtes auf Leben des Kindes. Sie ist deshalb nicht als „liberal" zu bezeichnen; unter dem Gesichtspunkt des Rechtes auf Leben ist sie vielmehr als „repressiv" zu beurteilen. Sie ist die schlechteste aller denkbaren „Lösungen" für dieses dornenvolle Problem und aus der Sicht des christlichen Glaubens schlechthin inakzeptabel. Christen und Christinnen können sich nur für eine Regelung einsetzen, die zugleich die Mutter, das ungeborene Leben und das Gewissen der Ärzte schützt. Dies aber ist bei der „Fristenregelung" eindeutig nicht der Fall.

Die Forderung nach Selbstbestimmung macht beim Problem der Tötung ungeborenen Lebens durch Abtreibung nicht halt. Sie dehnt sich vielmehr angesichts der rasanten Entwicklungen in der Gentechnik und Biomedizin aus. Dies trifft vor allem zu bei der sogenannten Präimplantationsdiagnostik, bei der ein im Reagenzglas erzeugter Embryo auf seine erbliche Belastung hin überprüft wird, um ihn nur dann in die Gebärmutter der Frau zu implantieren, wenn er als erblich unbelastet getestet worden ist. Wenn er hingegen als erblich belastet beurteilt wird, wird er vernichtet. Diese Methode zielt von vorneherein auf Selektion von menschlichem Leben, die behindertes Leben prinzipiell ausschließen will.

Daraus ergeben sich gefährliche Konsequenzen für den gesellschaftlichen Umgang mit behinderten Menschen. Würde nämlich die Präimplantationsdiagnostik staatlich legalisiert, würde die Frage stets deutlicher gestellt werden, warum ein behindertes Kind überhaupt zur Welt gebracht worden ist. In letzter Konsequenz würde menschliche Behinderung vorwerf- und anklagbar werden. Besonders alarmierend ist es, dass im Jahr 2001 das oberste französische Berufungsgericht bei einem behindert geborenen Kind den Eltern einen hohen Schadensersatz zugestanden und dabei von einem „Recht, nicht geboren zu werden" gesprochen hat.

9.3 Grenzen der Selbstbestimmung

Angesichts von solchen fatalen Entwicklungen stehen wir erneut vor der entscheidenden Frage, ob wir all das, was wir technisch können, auch ethisch dürfen. Diese Frage können wir nur beantworten, wenn wir die Selbstbestimmung nicht als isolierten Höchstwert vertreten, sondern auch die Grenzen der Selbstbestimmung wahrnehmen. Die elementarste Grenze besteht dabei in der Selbstbestimmung des anderen. Der Mensch ist nie ein isoliertes Individuum, sondern immer Mit-Mensch. Die Freiheit des einen ist deshalb immer durch die Freiheit des anderen begrenzt. Folglich ist die Fremdbestimmung für die Würde des Menschen nicht weniger grundlegend als die Selbstbestimmung. Das ganze Leben ist im Grunde ein Ringen darum, wie der Mensch im Rahmen einer grundlegenden Fremdbestimmung über sich selbst in Freiheit verfügen kann.

Das Zusammenspiel von Fremdbestimmung und Selbstbestimmung zeigt sich bereits darin, dass sich kein Mensch selbst das Leben geben kann, dass er vielmehr eine Frucht seiner Eltern und darin ein Geschöpf Gottes ist. Dass der Mensch nur eine begrenzte Freiheit hat, wird somit durch unseren christlichen Glauben vertieft. Erst dank seiner Geschöpflichkeit, in der er sein Leben Gott verdankt, hat der Mensch auch seine Fähigkeit zur Freiheit und Selbstbestimmung. Die menschliche Freiheit ist immer in Relation zu ihrem Schöpfer, auf ihn bezogen und von ihm herkünftig und somit verdankte Freiheit.

Solche verdankte Freiheit steht in Verantwortung vor Gott. Sie kann sich auch darin verwirklichen, dort wo es nötig ist, „Nein" zu sagen – wie es Jesus in der Wüste der Versuchungen tat (Mt 4,1–11). Er sagte entschieden „Nein" zum dreifachen Ansinnen des Teufels und widerstand in souveräner Freiheit den Versuchungen zum Besitz, zur Macht und zur Selbstverherrlichung.

Dadurch, dass Jesus sich den Versuchungen verweigerte und sich stattdessen ganz vom Willen Gottes bestimmen ließ, war er gerade frei. Er betätigte und bestätigte seine Souveränität in der Freiheit im Umgang mit den weltlichen Dingen, in der Freiheit zum Machtverzicht und in der Freiheit zum Warten-Können.

Die Versuchungen, die Jesus an sich selbst erfahren hat, sind jene Urversuchungen, denen auch wir Menschen immer wieder ausgesetzt sind. Auch wir sind eingeladen, uns mit diesen Urversuchungen auseinanderzusetzen, um mit unserer Freiheit und Selbstbestimmung und ihren Grenzen im Licht des christlichen Glaubens menschlich umzugehen. Uns darin neu einzuüben ist in besonderer Weise der Anruf der Österlichen Bußzeit.

10. Als Getaufte leben

Die Taufe haben wir Christen nie einfach hinter uns, und das Leben der Taufe ist nie abgeschlossen. Es ist deshalb wichtig, den Glauben immer wieder von innen heraus zu erneuern. Dies ist besonders in der heutigen Situation der Kirche notwendig, in der so oft innerkirchliche Probleme organisatorischer und struktureller Art im Vordergrund unserer Aufmerksamkeit stehen. Während der Pastoralbesuche, die ich als Bischof durchgeführt habe, drehten sich viele Begegnungen um die Fragen der kirchlichen Ämter und Dienste. Angesichts des alarmierenden Priestermangels bei uns ist dies verständlich.

10.1 Brüchiges Fundament?

Auf der anderen Seite kann der Eindruck entstehen, dass wir heute so sehr mit der Innenarchitektur der Kirche beschäftigt sind, dass wir uns nicht mehr genügend der Glaubensfundamente der Kirche vergewissern. Jeder Architekt weiß aber, dass es dann gefährlich wird, wenn die Fundamente eines Gebäudes nicht mehr im Lot sind. Auch in der Kirche scheint mir heute die Frage unaufschiebbar, wie es um ihre Fundamente steht. Sind sie nicht ins Wanken geraten?

Viele Menschen und selbst Christen lassen sich auch heute durchaus berühren von allem Menschlichen an Jesus. Doch der Glaube der Kirche, dass Christus vom Tod auferstanden und in seinem Geist unter uns gegenwärtig ist, bereitet immer mehr Christen Mühe. Wenn aber Jesus, wie heute viele annehmen, nur ein Mensch gewesen wäre, dann würde er unwiderruflich der Vergangenheit angehören. Wer Jesus nur als Beispiel der Mitmenschlichkeit erinnert, gelangt letztlich über ein Totengedächtnis nicht hinaus. Kann Jesus Christus so aber ein tragfähiges Fundament unseres Lebens und Glaubens sein?

Nur wenn Jesus Christus zugleich wahrer Mensch und wahrer Gott ist und in seiner Auferstehung aus dem Tod an der Gegenwart Gottes, die alle Zeiten umgreift, teilhat, ist er nicht bloß gestern, sondern auch heute unser Zeitgenosse und das Fundament unseres Lebens und Glaubens. Nur wenn wir die göttlichen und menschlichen Dimensionen seiner Person, die Wirklichkeit des Kreuzes und der Auferstehung zum Leben, glauben und verkünden, kann Jesus Christus wirklich der Grund unserer Hoffnung und unserer Freude sein und können wir ihm sogar im leidenden und armen Mitmenschen begegnen, wie das Evangelium vom Weltgericht (Mt 25,31–46) es verheißt.

10.2 Ernstfall des österlichen Taufglaubens

Auf den Namen des gekreuzigten und auferstandenen Christus sind wir alle getauft. Er steht in der Mitte unseres Glaubens. Dort hingegen, wo dieser Glaube schwindet, stellen sich gefährliche Konsequenzen ein, nämlich jene, die wir in den kirchlichen Auseinandersetzungen der Gegenwart erfahren und die es an den Tag bringen, wie viele Probleme und Krisen in der heutigen Kirche ihren tiefsten Grund im Verdunsten des österlichen Taufglaubens haben:

Wenn Jesus nicht vom Tode auferstanden wäre, dann könnte auch die Kirche nicht mehr als sakramentaler *Organismus*, nämlich als Leib Christi, wahrgenommen werden, sondern bloß noch als eine soziologische *Organisation* wie viele andere gesellschaftlichen Institutionen auch. Die Kirche würde dann freilich bloß noch als ein Skelett ohne Fleisch in Erscheinung treten und verständlicherweise eher Angst auslösen, als dass sie Hoffnung und Freude zu wecken vermöchte. Der christliche Glaube lebt aber von der Überzeugung, dass der auferstandene Christus in der Kirche gegenwärtig ist, ihre Mitte ausmacht und sie zu seinem Leib umgestaltet.

Wenn Jesus nicht auferstanden wäre, dann wäre die Feier der Eucharistie nichts anderes mehr als ein permanentes Requiem für den toten Jesus. Sie wäre letztlich Totenkult und damit ein weiterer Ausdruck unserer menschlichen Traurigkeit über die Allmacht des Todes in unserem Leben und in unserer Welt. Der christliche Glaube steht und fällt aber mit der Überzeugung, dass der eigentlich Handelnde in der Feier der Eucharistie der erhöhte und in der Kraft des Heiligen Geistes bei seiner Kirche gegenwärtige Christus ist.

Wenn Jesus nicht auferstanden und die Eucharistie der Kult eines Toten wäre, dann bräuchte es auch keinen Priester, der der Eucharistie vorsteht, um den auferstandenen Christus in und gegenüber der Gemeinde sichtbar zu machen und in seinem Auftrag zu handeln. Es wäre dann vielmehr ausreichend, wenn alle studierten Theologen oder Theologinnen auch ohne Weihe, aber im Auftrag der Gemeinde, dieses Geschehen vollziehen könnten. Nach unserer Glaubensüberzeugung aber lebt der auferstandene Christus in seiner Kirche und wirkt in der Eucharistie durch den geweihten Priester. Weil die Kirche nicht einfach eine natürliche Gemeinschaft wie jede andere ist, deshalb gibt es in ihr das geweihte Amt, das der Feier der Eucharistie vorsteht. Der priesterliche Dienst ist deshalb nicht eine Sache der Delegation durch die Gemeinde, sondern der sakramentalen Weihe, in der die Beauftragung durch den erhöhten Christus sichtbar wird.

Mit diesen drei Beispielen will ich verdeutlichen, was alles auf dem Spiel stehen würde, wenn unser österlicher Taufglaube verdunsten oder einfach vergessen würde. Ohne diesen Glauben würde die Kirche ihr Fundament verlieren. Denn die Kirche ist die Konsequenz der Auferstehung Jesu Christi, wie vor allem die Emmausgeschichte sehr schön zeigt. Die Erkenntnis, dass Jesus lebt, führt die zwei Jünger nicht nur zum Glaubensbekenntnis, dass Jesus von den Toten auferstanden ist. Sie führt sie vielmehr auch zurück nach Jerusalem, also dorthin, wo die anderen Jünger sich aufhalten. Dass sich die Jünger nach Ostern wieder sammeln, ist ein ebenso wichtiges Osterzeugnis wie die Bezeugung des Auferstandenen im Wort der Verkündigung.

Über die Auferstehung Jesu Christi kann man deshalb gar nicht reden, wenn man nicht zugleich über die Folgen seiner Auferstehung in der Kirche reden kann. Dieser Zusammenhang von Ostern und Kirche wird vor allem sichtbar in der Taufe. Indem wir auf den vom Tod zum neuen Leben Gottes auferstandenen Christus getauft und erlöst sind, sind wir zugleich in seinen „Leib" eingegliedert. Die Annahme des Glaubens im glaubwürdigen Leben der Taufe und die Gemeinschaft der Kirche gehören so sehr zusammen, dass man die Taufe geradezu als Eintrittstor in die Kirche bezeichnen kann.

10.3 Taufberufung zur Heiligkeit

Mit unserer Aufnahme in die Kirche werden wir zugleich mit jener Sendung betraut, die allen Gliedern der Kirche aufgrund ihrer Taufe gemeinsam zukommt. Diese gemeinsame Sendung begründet unter allen Kirchengliedern eine gemeinsame Würde. Denn in der Taufe wird ein Mensch aufgenommen in die Gemeinschaft der Kirche, und es wird ihm die Verantwortung anvertraut, seinen Beitrag zu leisten zum Aufbau der Kirche, seinen Glauben glaubwürdig zu leben und das Evangelium in den alltäglichen Lebensbereichen zu verkünden.

Wie die Taufe das Fundament aller anderen Sakramente ist, so ist auch die mit der Taufe verliehene Sendung zur Bezeugung des Glaubens im alltäglichen Leben die Grundaufgabe der Kirche. Sie wird als Taufpriestertum aller Glaubenden bezeichnet, das alle in der Kirche – ob Laie, Diakon, Priester oder Bischof – am tiefsten miteinander verbindet. Diese Überzeugung von der Berufung aller Christen und Christinnen aufgrund der Taufe ist vom Zweiten Vatikanischen Konzil wiederentdeckt worden, wenn es von der „allgemeinen Berufung zur Heiligkeit" spricht.

Die Taufberufung zur Heiligkeit zu leben ist die große Herausforderung, die an uns alle ergeht. Denn heilig sein und getauft sein ist identisch. Bereits die ersten Christen verstanden sich selbstverständlich als „Geschwister und Heilige". In den frühchristlichen Gemeinden galten alle als „heilig", die sich bekehrten, Jesus nachfolgten, sich der Gemeinschaft der Glaubenden anschlossen und ihre Zugehörigkeit zur Kirche mit der Taufe besiegeln ließen.

In diesem Sinn ist die christliche Berufung zur Heiligkeit nicht elitär, sondern ganz und gar egalitär. Denn heilig ist nicht das Ungewöhnliche, sondern das Gewöhnliche, das Normale für jeden Getauften. Die christliche Heiligkeit kann sich deshalb in unzählbaren Gestalten verwirklichen und in jedem Beruf und Stand gelebt werden. Denn heilig ist der Mensch, der den Willen Gottes sucht und gewillt ist, in ihn einzuwilligen und in ihn sein Leben so einzufalten, wie wir im Gebet unsere Hände falten. Dazu sind wir berufen und herausgefordert aufgrund unserer Taufe.

11. Mit Christus verbunden bleiben

Es ist gut, wenn beim runden Geburtstag eines Menschen nicht die Äußerlichkeiten im Vordergrund stehen, sondern das gelebte Leben. Genauso ist auch die Feier der 175 Jahre seit der Neuerrichtung des Bistums Basel nur der äußere Anlass, dankbar auf die vergangenen Jahre Bistumsgeschichte – mit ihren Höhen und Tiefen, mit ihren verheißungsvollen Entwicklungen und großen Schwierigkeiten – zurückzublicken und sie in die Hand Gottes zurückzulegen. Denn er ist der Herr aller Zeit.

11.1 Liebe zum Weinstock Christus

Das Evangelium vom wahren Weinstock (Joh 15,1–17) bringt die Grundüberzeugung unseres Glaubens besonders schön zum Ausdruck. Ohne Verbindung mit dem Weinstock Christus können die Reben des Bistums, die Reben der Pfarreien und die Reben anderer kirchlicher Gemeinschaften nicht leben. Wenn der Lebenssaft des Weinstocks nicht in die Rebzweige fließen kann, wächst keinerlei Frucht. Getrennt von Christus, dem wahren Weinstock, vermögen wir so wenig etwas hervorzubringen wie ein abgeschnittener oder abgestorbener Weinstock im Garten. Wenn wir nicht wirklich und lebendig mit Gott und seinem Mensch gewordenen Sohn in Verbindung sind, sind wir tot wie die dürren Rebzweige. Ohne Christus ist auch ein Bistum tot, selbst wenn viele Aktivitäten unternommen werden.

Nehmen wir deshalb die so eindringliche Einladung und die so tröstliche Verheißung Jesu Christi entgegen: „Bleibt in mir, dann bleibe ich in euch" (Joh 15,4). Auf dieses Bleiben kommt es entscheidend an. Der Geburtstag unseres Bistums ist ein willkommener Anlass, Christus inständig zu bitten, dass er in unserer Mitte bleibt, und uns selbst zu verpflichten, dass auch wir in Christus bleiben. Dann führt uns der Geburtstag zum Kern des christlichen Lebens, der in der Liebe zu Jesus Christus besteht.

Diese Liebe macht den Christen und die Christin aus. Diese Mitte unseres Glaubens wird und kann sich nie ändern. Sie kann zwar im Laufe der Zeit und im großen Wandel der Geschichte durchaus verschiedene Ausdrucksformen annehmen. Aber fehlen kann sie nie. Ohne Liebe zu Christus wäre auch unser Bistum ein abgestorbener Rebzweig. Nur wenn es auch weiterhin seinen Lebenssaft vom Weinstock Christus bezieht, kann es Frucht bringen. Diese Liebe zu Jesus Christus macht unseren Glauben schön. Freuen wir uns an der Schönheit dieses Glaubens! Sie ist der tiefste Grund unserer dankbaren Freude.

11.2 Frühling im Weingarten der Kirche

Der Weingarten ist in der Heiligen Schrift oft ein sprechendes Bild für die Kirche als das in der Geschichte wandernde Volk Gottes. Dieses Bild verheißt Fruchtbarkeit und gutes Wachstum, die wir vielerorts dankbar feststellen dürfen. Wie der Psalm 80 zeigt, erscheint aber bereits in der Bibel der Weingarten manchmal auch derart zusammengestutzt, dass viele ihn für tot erklären. Wer zudem aus Erfahrung weiß, wie der Winzer im Winter den Weinstock beschneiden und die Zweige zurückstutzen muss, der kann den Eindruck bekommen, aus dem Stumpf des Weinstocks könne nie mehr etwas werden.

Ist dies nicht auch unsere Situation als Kirche heute? Reden wohl deshalb nicht wenige von einer winterlichen Situation in unserer Kirche? Wir dürfen uns gewiss an vielen Schönheiten freuen. Wir leiden aber auch an Mangelerscheinungen. Seit längerer Zeit nehmen nicht nur die Priester- und Ordensberufungen rapide ab, sondern auch die Zahl der Gläubigen ist sinkend. Viele sogenannte Kirchenaustritte kommen einem Votum mit den Füßen gegen unsere Kirche gleich. Aber auch die lebendige Praxis des Glaubens in unseren Pfarreien ist stark zurückgegangen. Es fehlt zudem in vielen Pfarreien an Seelsorgerinnen und Katecheten. Diese dramatischen Entwicklungen stellen uns vor die Frage, was mit dem Boden in unserem Weingarten los ist.

Auch auf diese bedrängende Frage gibt das Evangelium eine hilfreiche Antwort: Der Winzer muss zwar im Winter den Weinstock beschneiden; manche Einschnitte tun dabei gewiss weh. Der Winzer weiß, was unfruchtbare Triebe sind und was weggeschnitten werden muss. Doch der Winzer lebt und handelt in der unbeirrbaren Hoffnung, dass der Frühling kommen wird, in dem der totgesagte Stumpf des Weinstocks wieder kräftig austreiben wird. Genauso verhält es auch mit der Kirche. Auch sie scheint manchmal derart zusammengestutzt, dass nicht wenige sie schon für tot erklären. Und doch kommt auch in der Kirche nach dem Winter der Frühling, in dem die Reben frisch und lebendig treiben. Der Sommer, die Zeit des Reifens, und gar der

Herbst, die Zeit der Ernte, kommen freilich später. Danken wir Gott, dass es Frühling im Weingarten der Kirche werden kann.

Ein Blick in die Geschichte der Kirche kann es zeigen: Oft für tot erklärt, hat die Kirche immer wieder einen neuen Frühling erlebt. Sollte da unsere Gegenwart eine einmalige Ausnahme sein? Auch der Weingarten der Kirche heute kann einen Frühling erleben, wenn wir an der Hoffnung festhalten.

11.3 Das Evangelium angesichts der Zeichen der Zeit verkünden

Die Kirche wird vor allem einen Frühling erleben und Zukunft haben, wenn wir das Evangelium von Jesus Christus glaubwürdig auch gegen den Strom der Zeit verkünden. Dann wird Gottes lebendiger Geist durch sie wirken. Wir sind deshalb herausgefordert, gemeinsam darauf zu hören und miteinander zu besprechen, was der Geist unserem Bistum und unseren Pfarreien heute sagt. Dies ist freilich nur möglich, wenn wir die Zeichen der Zeit wahrnehmen, was ich nur kurz andeuten kann:

Wir leben in der Zeit einer umfassenden Zerrissenheit, Gespaltenheit und Ich-Müdigkeit. Noch nie waren wir Menschen derart miteinander vernetzt mit Internet und Handy, mit Flugzeugen und Hochgeschwindigkeitszügen. Und doch war eine versteckte Einsamkeit der Menschen wohl kaum so verbreitet wie heute. Gerade in dieser Situation sehnen sich die Menschen nach Einheit und Geborgenheit, nach Identität und Ruhe, die uns Jesus Christus zu geben vermag: „Kommt alle zu mir, die ihr euch plagt und schwere Lasten zu tragen habt. Ich werde euch Ruhe verschaffen" (Mt 11,38).

Weiter erleben wir heute eine rasante, sich beinahe ins Bodenlose steigernde Beschleunigung, in der alles Neue und Moderne sofort veraltet und die Zeit uns zwischen den Fingern zerrinnt. Der Volksmund sagt es treffend: „Wer sich mit dem Zeitgeist verheiratet, ist schon morgen ein Witwer." Hinzu kommt, dass der Markt der unbegrenzten Möglichkeiten von Lebenssinn und Lebensgestaltung floriert. Dennoch entschwindet vielen Menschen der Sinn des Lebens und überhaupt der Sinn des Ganzen. Gerade in dieser Zeit aber suchen Menschen Halt und Mitte, und sie suchen nach dem, was auch in Zukunft bleiben wird. Und sie dürfen es zu Recht bei Christus finden, von dem uns in der Johannesoffenbarung die schöne Verheißung geschenkt ist: „Ich bin das Alpha und das Omega, der Erste und der Letzte, der Anfang und das Ende" (Apk 22,13).

In der heutigen Zeit ist zudem das Machen großgeschrieben. Wir Menschen können viel, sogar mehr als wir dürfen. Dennoch erleben sich viele Menschen als ohnmächtig und stoßen an die Grenzen des Machens. In dieser Situation ist auch in der Kirche die Versuchung groß, das kirchliche Leben in die eigene Regie zu nehmen und Kirche nach unseren Wünschen und Vorstellungen zu machen. Mögen wir viel tun und uns äußerst aktiv verhalten – ohne Christus wird nichts daraus werden, wie er selbst unmissverständlich sagt: „Getrennt von mir könnt ihr nichts vollbringen" (Joh 15,5).

11.4 In der Gemeinschaft der Zeugen

Dies ist die schöne und befreiende Botschaft unseres Glaubens. Damit sie auch in der heutigen Zeit gehört werden kann, ist sie auf glaubwürdige und überzeugende Zeugen angewiesen. Mit Recht hat Papst Paul VI. immer wieder betont, die heutige Welt höre nicht auf Lehrer, sondern auf Zeugen, und auf Lehrer nur insofern, als sie zunächst als Zeugen wahrgenommen werden können.

Dass das glaubwürdige Zeugnis die erste Sendung aller Christen und Christinnen ist, dies rufen uns die Patrone des Bistums Basel, die heiligen Urs und Viktor, in Erinnerung. Sie haben als Soldaten der Thebäischen Legion ihren Glauben sogar mit dem Martyrium bezeugt und uns damit ins Stammbuch geschrieben, das nur das „Glaube" genannt zu werden verdient, mit dem man leben und, wenn es denn sein muss, auch sterben kann. Die Heiligen des Bistums erinnern uns zudem daran, dass der christliche Glaube seine Wurzeln nicht bei uns hat, sondern dass er aus fernen Welten, aus Theben, zu uns gebracht worden ist und dass wir auch heute im etwas müde gewordenen Europa und auch in der Schweiz für geistliche Vitaminspritzen aus anderen Regionen der Welt empfänglich und dankbar sein dürfen.

Im Bistum Basel gibt es eine weitere Glaubenszeugin, die hohe Verehrung erfährt und in verschiedenen Pfarreien als Patronin gefeiert wird, die heilige Verena. Ihr Leben gleicht einem Wanderweg, der sie von Theben in Oberägypten über Mailand und Solothurn nach Zurzach geführt hat, wo sie sich durch Frömmigkeit und Caritas ausgezeichnet hat und wo sie um die Mitte des 4. Jahrhunderts ihr Grab gefunden hat. Um einem heute besonders wichtig gewordenen Zeichen der Zeit, nämlich der Wahrnehmung der gleichen Würde von Mann und Frau, zu entsprechen, habe ich mit der Zustimmung der Universalkirche die heilige Verena als Co-Patronin der Diözese erklärt und die Ortskirche Basel der besonderen Fürbitte dieser überzeugenden Heiligen empfohlen.

Die heilige Verena wird zumeist dargestellt mit einem Kamm und einem Krug voll von Wasser. Dies ist gewiss ein Zeichen ihrer caritativen Tätigkeit. Tiefergesehen dürfen wir darin aber auch einen deutlichen Hinweis auf jenes lebendige Wasser erblicken, das uns allen in der Taufe geschenkt worden ist und uns am tiefsten miteinander verbindet, weil es uns mit Christus verbindet. Denn die Kirche auch im Bistum Basel ist die Gemeinschaft der Glaubenden, die auf Christus getauft und dadurch Reben am Weinstock Jesus Christus geworden sind. Die Taufe ist jenes Wasser, das durch den Weinstock fließt und die Reben nährt. Auch von diesem Wasser dürfen und müssen wir sagen, dass ohne es nichts geht. Wir sind deshalb eingeladen, als Getaufte zu leben, im Wissen darum, dass wir nur dann Bestand haben und „bleiben", wenn wir in Christus bleiben und er in uns.

12. Die Gegenwart Jesu Christi feiern

Mit dem ersten Adventsonntag beginnen wir ein neues Kirchenjahr, das wir auch „Jahr des Heils" nennen. Als Christen und Christinnen sind wir überzeugt, dass Gott auch heute zu unserem Heil handelt. Wenn wir zum Gottesdienst versammelt sind, feiern wir unseren Glauben, dass Gott durch Christus in der Liturgie an uns wirkt und wir nur durch ihn und mit ihm handeln können. Jesus Christus, der Auferstandene, den das Evangelium „Menschensohn", der wieder kommen wird, nennt (Mt 24,29–44), ist selbst in der Liturgie gegenwärtig. Diese schöne Botschaft in Erinnerung zu rufen, war das Grundanliegen der Liturgiekonstitution des Zweiten Vatikanischen Konzils. Sie wurde als erstes Ergebnis des Konzils am 4. Dezember 1963 verabschiedet. Diese Erinnerung bewegt mich, einige Überlegungen über dieses grundlegende Erbe des Konzils anzustellen, das auch heute aktuell bleibt.

12.1 Quelle und Höhepunkt des kirchlichen Lebens

Die Konstitution bezeichnet die Liturgie als „heilige Handlung, deren Wirksamkeit kein anderes Tun der Kirche an Rang und Maß erreicht".[9] In der Tat ist die Kirche nirgendwo so sehr in ihrem Element wie in Gebet und Gottesdienst. Denn der Glaube will nicht nur im Alltag gelebt und kritisch hinterfragt werden. In seiner Schönheit kann er vielmehr nur wahr-genommen werden, wenn er zuerst gefeiert wird. In Gebet und Gottesdienst zeigen wir, wie ernst uns der Glaube und das kirchliche Leben sind.

Das Tun der Kirche erschöpft sich natürlich nicht in der Liturgie. Sie will vielmehr in unsere Welt hinauswirken und unser Leben verwandeln, damit das ganze christliche Leben zum Gottesdienst werden kann. Damit uns dies aber gelingt, brauchen wir am Sonntag den Gottesdienst in der Kirche. Das Konzil bezeichnet deshalb die Liturgie als Quelle und Höhepunkt des kirchlichen Lebens, genauerhin als „Höhepunkt, dem das Tun der Kirche zustrebt", und als „Quelle, aus der all ihre Kraft strömt".[10]

Seit ihren Anfängen ist die Kirche Versammlung zu Gebet und Gotteslob. Sie ist im Tiefsten *ekklesia,* die Gemeinschaft der vom auferstandenen Christus Zusammengerufenen, die sich von ihm zuerst zum Gottesdienst versammeln lassen. So ist es bereits in der Apostelgeschichte greifbar: Es war nach der Himmelfahrt Christi, als sich die Apostel zusammen mit den Frauen, die Jesus nachgefolgt waren, und Maria, der Mutter Jesu, im Abendmahlsaal versammelten und dort einmütig im Gebet um das Kommen des Heiligen Geistes verharrten.

Wie es damals kein Pfingsten ohne vorbereitendes Gebet gab, so kann es auch heute ohne intensives Gebet kein neues Pfingsten in unserem Leben und in der Kirche geben. Es ist für mich ein Gebot der gegenwärtigen Stunde, uns dieses schöne Bild in der Apostelgeschichte immer wieder zu vergegenwärtigen und es selbst zu verwirklichen, damit wir die Liturgie als Quelle und Höhepunkt des kirchlichen Lebens erfahren können.

12.2 Durchsicht auf das Heilige

Die Konstitution über die heilige Liturgie stand am Beginn des Konzils. Damit kommt zum Ausdruck, dass am Anfang immer die Anbetung und damit Gott steht. Das Konzil hat deshalb als Ziel der Erneuerung der liturgischen Texte und Riten angegeben, sie sollten „so geordnet werden, dass sie das Heilige, dem sie als Zeichen dienen, deutlicher zum Ausdruck bringen, und so, dass das christliche Volk sie möglichst leicht erfassen und in voller, tätiger und gemeinschaftlicher Teilnahme mitfeiern kann".[11]

Dem Konzil war es wichtig, dass die Gläubigen die Liturgie bewusst mitfeiern können, und zwar in erster Linie durch ihre innere Teilnahme im meditativen Nachvollzug und im Gebet. Erst mit der inneren Teilnahme bekommt das äußere Mitwirken in den verschiedenen Laiendiensten wie Lektoren und Kantorinnen, Vorbeterinnen und Kommunionhelfer überhaupt seinen schönen Sinn. Dass sich viele Laien, nicht zu vergessen die Ministrantinnen und Ministranten, ehrenamtlich für liturgische Dienste zur Verfügung stellen, nehme ich als schöne Frucht des Konzils mit dankbarer Wertschätzung zur Kenntnis. Sie leben damit ihr Taufpriestertum und stellen es in den Dienst des gottesdienstlichen Lebens einer Pfarrei.

Das Konzil hat die tätige und gemeinschaftliche Teilhabe des Volkes Gottes an der Liturgie ausdrücklich gewünscht. Besonders wichtig war ihm dabei, dass durch die innere Teilnahme der Glaubenden die Liturgie für das Heilige durchsichtig wird. Die Liturgie will in erster Linie das Heilige sichtbar darstellen. In der Liturgie feiern wir nicht einfach unsere eigenen menschlichen Erfahrungen. Da Christus selbst in der Liturgie gegenwärtig ist, empfangen wir ein Geschenk Gottes, das nicht aus unserer Erfahrung stammt. Das Konzil nennt deshalb die Liturgie „Werk Christi des Priesters und seines Leibes der Kirche"[12] und präzisiert es als „Werk der Erlösung der Menschen und der vollendeten Verherrlichung Gottes".[13] Viele Menschen heute sehnen sich danach, das Geheimnis Gottes in ihrem Leben zu erfahren. Auf diese Sehnsucht antwortet die Kirche mit der Konzentration auf das Heilige in ihrer Liturgie.

Im Mittelpunkt aller Liturgie steht die Feier der Gegenwart des auferstandenen Christus: Er ist gegenwärtig in der zum Gottesdienst versammelten Gemeinde, im Vorsteher der Liturgie, im Wort und vor allem in der Eucharistie. Damit wird uns wieder neu bewusst, dass wir in der Liturgie in erster Linie die Gegenwart Gottes feiern. Gottesdienst ist zunächst der Dienst Gottes am Leben von uns Menschen. Denn wir können nur weitergeben, was wir empfangen haben. Dann wird Gottesdienst auch unser Dienst der Dankbarkeit Gott gegenüber. Christliche Liturgie ist zunächst das „Werk Gottes für das Volk", um dann auch zum „Werk des Volkes" zu werden, mit dem wir Gott als unseren Schöpfer und Erlöser absichtslos loben, wie wir es im Gloria zum Ausdruck bringen: „Wir rühmen dich und danken dir, denn groß ist deine Herrlichkeit."

12.3 Kirchliche Adventsgemeinschaft in der Liturgie

Unsere Dankbarkeit für Gottes Gegenwart bringen wir vor allem in der Eucharistie, dem großen Dankgebet der Kirche, vor den dreifaltigen Gott. In ihr erfahren wir die dichteste Weise der Gegenwart Jesu Christi. Denn wir dürfen Christus mit seinem

Leib und Blut in uns aufnehmen, damit er in uns lebt und wir durch ihn leben. Die Eucharistie ist nicht bloß Austeilen aus Vergangenem, sondern Gegenwart des Geheimnisses von Tod und Auferstehung Christi, das die Zeiten überschreitet und uns zu dankbaren Menschen verwandelt, oder noch präziser: zu eucharistischen Menschen, die wir uns in der Eucharistie so tief in den auferstandenen Christus hinein verwurzeln, dass wir dankbar aus ihm leben. Denn im Alltag sind wir berufen, uns den Menschen gleichsam als lebendige Hostien zur Verfügung zu stellen, damit unser ganzes Leben eucharistisch werden kann. Die Eucharistie verheißt uns, dass die Gegenwart Jesu Christi uns auch im Alltag begleitet mit seinem Segen, der uns einlädt, auch unsere Hände vor allem zum Segnen, zum Bene-dicere, zum Gutes-Sagen und Gutes-Tun zu öffnen.

In der Liturgie der Kirche sehnen wir uns nach der Gegenwart Jesu Christi, der bei uns Ankunft, Advent halten will. Die Liturgie lässt uns so erfahren, dass wir als Kirche nicht nur in der Adventszeit, sondern immer im Advent leben. Denn jede Eucharistie ist, wie Kardinal Joseph Ratzinger, heute Papst Benedikt XVI., sehr tief bemerkte, „Parusie, Kommen des Herrn, und jede Eucharistie ist doch erst recht Spannung der Sehnsucht, dass er seinen verborgenen Glanz offenbare".[14] Gerade in der Liturgie erfahren wir uns in der Kirche am intensivsten als Adventsgemeinschaft.

13. Auf die Wahrheit nicht verzichten

„Wenn du mit deinem Mund bekennst: ‚Jesus ist der Herr' und in deinem Herzen glaubst: ‚Gott hat ihn von den Toten auferweckt', so wirst du gerettet werden" (Röm 10,9). Mit diesen Worten drückt Paulus in seinem Brief an die Römer das glaubensstarke Bekenntnis der frühen Christen und Christinnen aus. Was sie in ihrem Herzen glauben, das bekennen sie mit dem Mund: Jesus ist der Christus, der Sohn des lebendigen Gottes, der als Mensch in unüberbietbarer Weise in unsere Welt gekommen ist, der sich am Kreuz für Gott und für uns Menschen hingegeben hat, den Gott selbst aber nicht im Tode gelassen, sondern auferweckt hat. Dies ist der innerste Kern unseres schönen Glaubens auch heute.

13.1 Der Christusglaube im Konzert der Religionen heute

Das Bekenntnis, dass Jesus Christus die Hoffnung der ganzen Welt ist, bereitet heute selbst vielen Glaubenden Schwierigkeiten. Sie leben in einer Welt, in der sie nicht nur von einer Vielzahl von Religionen wissen, sondern in der sie im Alltag auch mit konkreten Menschen zusammenleben, die eine andere Religion bekennen. Von daher erklärt sich die heute stark gewordene Tendenz, den Christusglauben möglichst klein zu schreiben, um, wie sie meinen, andere Religionen nicht zu diskriminieren.

Dass die Ablehnung anderer Religionen in der Tat ein Fehlverhalten der Christen wäre, hat bereits das Zweite Vatikanische Konzil betont: „Die katholische Kirche lehnt nichts von alledem ab, was in diesen Religionen wahr und heilig ist. Mit aufrichtigem Ernst betrachtet sie jene Handlungs- und Lebensweisen, jene Vorschriften und Lehren, die zwar in manchem von dem abweichen, was sie selber für wahr hält und lehrt, doch nicht selten einen Strahl jener Wahrheit erkennen lassen, die alle Menschen erleuchtet."[15] Auf dieser positiven Sicht beruht der in der heutigen Welt so notwendige Dialog der Religionen.

Diesen Dialog missverstehen heute freilich nicht wenige Christen dahingehend, dass sie alle Religionen als gleichermaßen gültig einschätzen, so dass es eigentlich gleichgültig ist, zu welcher Religion man sich bekennt. Sie sind überzeugt, dass bei einer bunten Vielfalt von Gestalten und Formen alle Religionen letztlich dasselbe sind und wollen und dass eben jeder seine eigene Religion hat. Dahinter verbirgt sich die weitere Annahme, dass Gott ein so großes Geheimnis ist, dass er sich in keiner Religion ganz offenbaren könne. Es gebe deshalb nicht nur eine Vielfalt von Religionen, sondern auch eine Vielzahl von

Offenbarungen Gottes in den unterschiedlichen Kulturen. Der christliche Glaube erscheint dann nur noch als die Europa zugewandte Seite des Antlitzes Gottes, und Jesus wird im Pantheon der großen religiösen Persönlichkeiten als ein religiöses Genie unter vielen anderen eingereiht.

Wer es heute dennoch wagt, Besonderheiten des christlichen Glaubens herauszustellen, wird bald einmal als überheblich und intolerant beurteilt. Wer Unterschiede zwischen den Religionen beim Namen nennt, dem wird vorgeworfen, er diskriminiere andere Religionen. Tritt der christliche Glaube sogar mit dem Anspruch auf Wahrheit auf, wird dieser schnell relativiert, indem betont wird, bereits die Existenz vieler Religionen stelle diesen Wahrheitsanspruch in Frage.

13.2 Das Unerhörte der Liebe Gottes

In diesem pluralistischen und deshalb auch relativistischen Geist heute ist es nicht leicht, Jesus Christus als den universalen Mittler des Heils für alle Menschen und als Hoffnung der ganzen Welt zu bekennen. Dazu aber ruft das Zweite Vatikanische Konzil auf, wenn es bei seiner positiven Betrachtung der anderen Religionen fortfährt: „Unablässig verkündet die Kirche und muss sie verkündigen Christus, der ist ‚der Weg, die Wahrheit und das Leben' (Joh 14,6), in dem die Menschen die Fülle des religiösen Lebens finden, in dem Gott alles mit sich versöhnt hat".[16]

Dialog der Religionen und christliche Evangelisierung schließen sich keineswegs aus; sie fordern und fördern sich vielmehr wechselseitig. Dies ergibt sich von selbst aus der Wahrheit, die der christliche Glaube bekennt und die der Evangelist Johannes so ausspricht: „Gott hat die Welt so sehr geliebt, dass er seinen einzigen Sohn hingab, damit jeder, der an ihn glaubt, nicht zugrunde geht, sondern das ewige Leben hat" (Joh 3,16). Die Liebe Gottes zur Welt ist das Tiefste am christlichen Glauben. Andere Religionen wissen zwar auch, dass Gott in seinem Himmel reich ist. Dass Gott aber mit seinen Geschöpfen arm sein wollte, dass er in seinem Himmel an seiner Welt mit-leiden wollte und gelitten hat und durch die Menschwerdung seines eigenen Sohnes ermöglicht hat, sein Leiden der Liebe seinen Geschöpfen zu beweisen: dies ist das Unerhörte des christlichen Glaubens. Denn Gott wollte uns Menschen so nahe kommen, dass er in seinem Sohn selbst Mensch geworden ist. Auch das Versuchtwerden Jesu, von dem uns im Evangelium berichtet wird, ist ein wesentlicher Teil seines Hinabsteigens in die Tiefe unserer menschlichen Not.

Die Wahrheit, die der christliche Glaube bekennt, ist keine Sache, über die wir verfügen und gegen andere geltend machen können. Diese Wahrheit ist vielmehr die Person Jesus Christus. Die Wahrheit des christlichen Glaubens ist reine und universale, alles und alle einschließende und nichts ausschließende Liebe Gottes, wie sie in Jesus Christus erschienen ist. In der Mitte des christlichen Glaubens steht die Wahrheit, dass Gottes Liebe und Vorsehung keinen Menschen ausschließt. Sie ist deshalb das Gegenteil von Ausgrenzung und Polarisierung, von Selbstbehauptung und Intoleranz. Sie ist vielmehr Liebe und Versöhnung.

Auf diese Wahrheit können wir Christen und Christinnen auch im vielfältigen Konzert der Weltreligionen heute nicht verzichten. Damit würden wir nicht nur uns selbst, sondern auch unseren Dienst an den Menschen preisgeben. Dieser Dienst besteht darin, dass wir auf Christus und die in ihm erschienene radikale und universale Liebe Gottes verweisen und sie im Alltag glaubwürdig bezeugen. Auf dieser Wahrheit des Glaubens beruhen der Einsatz von uns Christen für Friede und Gerechtigkeit, für Versöhnung und Bewahrung der Schöpfung, für den Schutz des Lebens und der Menschenrechte und unser ständiges Bemühen, für diese Sendung auch alle Menschen guten Willens zu gewinnen.

13.3 Mission mit demütigem Selbstbewusstsein

Die universale Sendung, die der Kirche von Christus anvertraut ist, kann nicht zu Überheblichkeit oder Stolz führen, sondern im Gegenteil zu Demut im Zeugnis. Denn wir Christen und Christinnen, die wir uns zu der in der Person Jesus Christus erfahrbar gewordenen universalen Liebe Gottes bekennen, bezeugen diese Liebe immer nur in irdischen und oft genug schwachen Gestalten, die hinter die Liebe Gottes immer wieder zurückfallen. Wir tragen den kostbaren Schatz der Wahrheit nur in sehr zerbrechlichen Gefäßen. Zu deutlich erfahren wir, wie groß der Unterschied zwischen dem Meister und seinen Jüngern und wie groß der Abstand zwischen der Höhe unseres christlichen Auftrags und der Schwäche der Beauftragten ist. Zum christlichen Glauben und zur Verkündigung seiner Wahrheit gehört deshalb das Eingeständnis, dass wir etwas bekennen, über das wir gerade nicht verfügen, das wir nur in armseliger Weise bezeugen können, indem wir von uns selbst wegweisen und auf Jesus Christus und die in ihm erschienene radikale und universale Liebe Gottes hinweisen.

Erst in dieser auf den Herrn verweisenden Grundhaltung des Glaubens wird ein wahrhafter Dialog der Religionen möglich. Denn ein Dialog gelingt nur, wenn er zwischen Überzeugungen geführt wird. Überzeugt von unserem eigenen Glauben werden wir Christen die große Bereicherung erfahren, auch in anderen Religionen echter Religiosität zu begegnen, von ihr demütig für unseren eigenen Glaubensweg zu lernen und jedem Lichtstrahl der Wahrheit nachzugehen, wo immer er leuchtet. Wir werden aber auch unseren eigenen Glauben und die uns von Gott anvertraute Wahrheit neu entdecken, wenn wir in anderen Religionen der Liebe Gottes begegnen, die in Jesus Christus offenbar geworden ist und deren letztes Wort nicht Tod, sondern Leben heißt.

Die Liebe Gottes, die stärker ist als der Tod, dürfen wir vor allem an Ostern feiern. Es ist jenes Fest, mit dem unser christlicher Glaube steht oder fällt. Auf dieses Fest bereitet die vierzigtägige Österliche Bußzeit vor, indem sie uns einlädt, uns in unseren schönen christlichen Glauben zu vertiefen. dass Gott den gekreuzigten Jesus von den Toten auferweckt hat, so dass wir ihn an Ostern in neuer Frische mit unserem Mund bekennen: „Jesus ist der Herr." Darin besteht unsere Rettung. Denn Jesus Christus ist die Hoffnung der Welt. Diese Hoffnung dürfen wir niemandem vorenthalten, sondern müssen wir allen bezeugen in jenem demütigen Selbstbewusstsein, das dem christlichen Glauben entspricht.

14. Priester in einer adventlichen Kirche sein

„Seid wachsam! Denn ihr wisst nicht, an welchem Tag euer Herr kommt" (Mt 24,42). Mit diesen herausfordernden Worten im Evangelium beginnen wir die Adventszeit und zugleich ein neues Kirchenjahr. Der Advent macht uns neu bewusst, was Christsein und Kirche im tiefsten sind: Christen und Christinnen sind durch und durch adventliche Menschen, und die Kirche ist ganz und gar eine adventliche Gemeinschaft. Denn die Kirche lebt immer im Advent, in der Erwartung auf das Kommen unseres Herrn, und zwar in dreifacher Weise: Wir glauben, dass der Sohn Gottes in unsere Welt gekommen ist und als Mensch unter Menschen gelebt hat. Wir bekennen, dass Christus wiederkommen wird am Ende der Zeiten. Und wir glauben, dass Christus auch heute kommt, vor allem wenn wir zum sonntäglichen Gottesdienst versammelt sind. Er kommt zu uns in seinem Wort, und er kommt zu uns in seinem eucharistischen Opfermahl.

14.1 Kirche im Advent

Christus kam, Christus wird kommen, Christus kommt. Dies ist die dreifache Botschaft, die uns die Adventszeit verkündet. Johannes der Täufer, die adventliche Gestalt schlechthin, hat auf den Kommenden hingewiesen: „Ich bin die Stimme, die in der Wüste ruft: Ebnet den Weg für den Herrn!" (Joh 1,23). Im Dienst dieser Botschaft steht heute die Kirche. Sie hat keine andere Aufgabe als die, die damals Johannes zugekommen ist, nämlich auf den Herrn hinzuweisen, der im Kommen ist. Die Kirche hat deshalb ihren Grund nicht in sich selbst, sondern jenseits ihrer selbst im kommenden Herrn. Ohne diesen adventlichen Glauben an Christus wäre die Kirche nichts anderes als ein kurioser Verein. Die Kirche aber ist die Gemeinschaft von Menschen, die überzeugt sind, dass das Entscheidende in ihr nicht von uns Menschen her geschieht, sondern von Christus her.

Dies der kirchlichen Gemeinschaft immer wieder in Erinnerung zu rufen, dazu gibt es in ihr das geweihte Amt des Diakons, des Priesters und des Bischofs, das nicht eine Sache der Delegation vonseiten der Gemeinde sein kann, sondern der sakramentalen Sendung durch Christus ist. Am deutlichsten wird dies in der Feier der Eucharistie, die eine Gabe Gottes ist und deshalb auf radikale Weise die Vollmacht der Gemeinde übersteigt. Keine Gemeinde kann sich selbst die Eucharistie geben, sie kann sie vielmehr nur von Christus her durch die Vermittlung der Kirche empfangen. Dass es deshalb zur Feier der Eucharistie des priesterlichen Dienstes bedarf, diese Grundüberzeugung unserer Kirche hat Papst Johannes Paul II. in seiner Enzyklika über die Eucharistie in Erinnerung gerufen: Um wirklich „eucharistische Versammlung sein zu können", benötigt die Gemeinde, die zur Feier der Eucharistie zusammenkommt, unbedingt den Priester, der ihr vorsteht.[17]

14.2 Sorge um neue Priesterberufungen

Als Bischof erfüllt es mich mit Sorge und Schmerz, dass wegen des großen Priestermangels viele Pfarreien heute nicht mehr an jedem Sonntag die Eucharistie feiern können. Sie ist aber seit den ältesten Zeiten der Kirche der Sonntagsgottesdienst schlechthin. Sie ist Quelle, Mitte und Höhepunkt des kirchlichen Lebens. In dieser großen Sorge haben wir Schweizer Bischöfe beschlossen, das Jahr 2005 der Besinnung auf die Notwendigkeit des priesterlichen Dienstes in der Kirche und dem Gebet um neue Priesterberufungen zu widmen.

Damit ist in keiner Weise eine Abwertung der anderen kirchlichen Dienste verbunden. Ihre Förderung stand vielmehr im Jahr 2006 im Mittelpunkt. Aber wie beispielsweise ein Kirchenchor, dem vor allem Bass-Stimmen fehlen, sich veranlasst sieht, in besonderer Weise für diese Stimmen zu werben, ohne die anderen abzuwerten, so sind auch wir Bischöfe in die Pflicht genommen, uns für neue Priesterberufungen einzusetzen, weil uns im Chor der kirchlichen Dienste vor allem diese Stimmen fehlen.

Ich bitte daher alle Schwestern und Brüder um ihre Mitverantwortung. Denn bei der Weckung neuer Priesterberufungen und bei der Berufungspastoral überhaupt kommt den Pfarreien eine unersetzliche Aufgabe zu. Zu einer sich sorgenden Pfarrei gehört, dass sie sich um ihre Zukunft Sorgen macht und auch um die Weckung neuer Berufungen kümmert. Ich stelle in vielen Pfarreien noch immer ein unbekümmertes Anspruchsdenken fest: Pfarreien erwarten vom Bischof selbstverständlich, dass er ihnen einen Priester zur Verfügung stellt. Aber fragen sie sich auch in genügendem Maße, ob sie in ihren Pfarreien junge Menschen zum kirchlichen und speziell priesterlichen Dienst ermutigen und dem Bischof zur Verfügung stellen?

Alle Glieder der Kirche ohne Ausnahme tragen Mitverantwortung bei der Sorge um die Berufungen. Der heutige Priestermangel enthält deshalb auch die Rückfrage an die Pfarreien und an die einzelnen Gläubigen, ob sie ihr eigenes Christwerden und Christsein als ihre Berufung verwirklichen und als Getaufte leben. Nur wenn wir die elementare Berufung zum Christsein in ihrer Tiefe und ihrer Strahlkraft wiederentdecken, wird es auch wieder mehr Berufungen zum geistlichen Leben und zum kirchlichen Dienst geben. Nur aus der Quelle des neuen Lebens, das in der Taufe uns mitgeteilt ist, erfließen die Charismen, Dienste und Ämter in der Kirche.

14.3 Adventliche Zeichen von Weihe und Ehelosigkeit

Unsere Kirche braucht Priester; und Priester können letztlich nur durch Priester ersetzt werden. Mit Sorge stelle ich fest, dass diese Überzeugung in den vergangenen Jahren dem Bewusstsein vieler Gläubigen entschwunden ist. Nicht selten wird etwas despektierlich behauptet, das Priestertum sei ohnehin ein „Auslaufmodell". Andere halten die Zeit für gekommen, dass auch die katholische Kirche inskünftig auf Priester überhaupt verzichten soll, weil sie erst dann ganz in eine Demokratie umgewandelt sein wird, wenn es keinen Unterschied mehr zwischen Laien und Priestern gibt. Wieder andere sähen die Lösung des bedrängenden Priestermangels fast ausschließlich in veränderten Zulassungsvoraussetzungen zum Priestertum.

Dass hinter den heute immer wieder erhobenen Forderungen nach auch verheirateten Priestern echte pastorale Sorgen stehen, ist für mich ohne Zweifel. Ebenso mit Recht kann man daran erinnern, dass unsere Kirche in ihrem eigenen Bereich, nämlich in einigen katholischen Ostkirchen, auch verheiratete Priester kennt. Dennoch hält unsere Kirche in der lateinischen Tradition entschieden an der Ehelosigkeit des Priesters fest, und zwar aus guten Gründen. Denn mit der Weihe und dem Versprechen des ehelosen Lebens weist der Priester auf die kommende Welt, auf das von Jesus Christus verheißene Reich Gottes hin, das im Kommen ist. Mit seinem ganzen Leben verdeutlicht er der Kirche, dass sie in dieser Welt keine bleibende Beheimatung hat, sondern dass sie als Volk Gottes auf ihrer irdischen Wanderschaft unterwegs zu ihrer wahren Heimat im Reiche Gottes ist. Der Priester ist deshalb in besonderer Weise berufen, wie Johannes der Täufer auf den kommenden Christus hinzuweisen und die Kirche daran zu erinnern, dass sie immer im Advent lebt.

Diese adventliche Lebensweise kann für den Priester selbst hart werden. Noch mehr ist sie für viele Menschen unserer Zeit ein Ärgernis. Denn Menschen, die die Erfüllung ihres Lebens oft nur noch in dieser irdischen Zeit sehen, können in der Ehelosigkeit um des Himmelreiches willen nur noch eine Narretei erblicken. Es ist kein Zufall, dass das Zeichen eines um Jesu Christi willen ehelosen Lebens gerade in der heutigen weithin am Irdischen orientierten Zeit kaum mehr verstanden wird. Umso wichtiger freilich ist dieses Lebenszeugnis. Wer sich heute zum Priestertum berufen weiß, muss diese Lebensform wagen und ist darauf angewiesen, von den Glaubenden und den Pfarreien mitgetragen und ermutigt zu werden. Denn Priesterberufungen können nur in einem kirchlichen Umfeld gedeihen, in der das Zeichen der Ehelosigkeit verstanden und mitgetragen wird.

Das Jahr der Priesterberufungen wollte ein Jahr der Besinnung auf die Notwendigkeit des priesterlichen Dienstes in unserer Kirche sein, ein Jahr des Gebetes um neue Priesterberufungen und ein Jahr der Ermutigung von jungen Menschen, auf den Ruf Jesu Christi zu hören und diese auch heute schöne Berufung zu leben. Dieses besondere Jahr hatten bewusst mit der Adventszeit begonnen, die uns zu intensiver Wachsamkeit in unserer Verantwortung herausfordert, wie dies Jesus im Evangelium ausspricht: „Seid also wachsam! Denn ihr wisst nicht, an welchem Tag euer Herr kommt" (Mt 24,42).

15. An der Eucharistie festhalten

„An dem nach der Sonne benannten Tag findet die Zusammenkunft von allen, die in Städten oder auf dem Lande herum weilen, an einem gemeinsamen Ort statt." Mit diesen Worten aus seiner *Apologie* (67.3) erklärt der heilige Justinus der Märtyrer in der Mitte des 2. Jahrhunderts dem heidnischen Kaiser Antoninus Pius, was die Christen am Sonntag tun. Er begründet diese Zusammenkunft zum sonntäglichen Gottesdienst mit den Worten: „Weil es der erste Tag ist, an welchem Gott durch Umwandlung der Finsternis und der Materie die Welt erschuf und weil Jesus Christus, unser Erlöser, an diesem Tag von den Toten auferstanden ist" (Apologie 67.7). In diesem Bericht sind bereits die wesentlichen Elemente jener Liturgie enthalten, mit der wir bis heute die Eucharistie feiern. Denn die Feier des Sonntags als des Herrentags und die Feier der Eucharistie als des Herrenmahls gehören in der christlichen Kirche von allem Anfang an unlösbar zusammen und bilden die Mitte des kirchlichen Lebens.

15.1 Kirche und Eucharistie

Darauf weist bereits der Name hin, den die Eucharistie in der frühen Kirche erhalten hat. Wenn Paulus vom Herrenmahl spricht, beginnt er zumeist mit den Worten: „Wenn ihr als Gemeinde zusammenkommt" (1 Kor 11,18). Eucharistie feiern ist wesentlich ein Zusammenkommen. Demgemäß heißt eine der ältesten Bezeichnungen der Eucharistie synaxis, was wiederum

Versammlung und Zusammenkunft bedeutet. Auch das griechische Wort für Kirche, ekklesia, weist auf die Eucharistie hin und bezeichnet die zum christlichen Kult und damit zur Eucharistie zusammengerufene Versammlung des Volkes Gottes. Kirche ist deshalb in ihrem wesentlichen Kern eucharistische Versammlung: Kirche ist vor allem dort, wo Eucharistie gefeiert wird.

Dies gilt so sehr, dass Kirche und Eucharistie letztlich identisch sind. Die Eucharistie ist nicht einfach eines der sieben Sakramente, sondern das Sakrament der Sakramente und damit Quelle, Mitte und Höhepunkt des Lebens der Kirche. Die Kirche feiert deshalb nicht einfach die Eucharistie, sondern die Kirche entsteht aus der Eucharistie. Die Eucharistie, in der Christus uns seinen Leib schenkt und uns zugleich in seinen Leib verwandelt, ist der immerwährende Entstehungsort der Kirche, wie dies Papst Johannes Paul II. mit dem ersten Satz seiner Enzyklika über die Eucharistie zum Ausdruck brachte: „Die Kirche lebt von der Eucharistie."[18]

Um diese grundlegende Bedeutung der Eucharistie im Leben der Kirche in Erinnerung zu rufen, hatte Papst Johannes Paul II. ein Jahr der Eucharistie ausgerufen, das mit dem Eucharistischen Weltkongress in Mexiko im Oktober 2004 begann und das mit der der Eucharistie gewidmeten Generalversammlung der Bischofssynode im Oktober 2005 unter Papst Benedikt XVI. beschlossen wurde. Mit diesem Jahr hatte der Papst dazu eingeladen, das Geheimnis der wirklichen Gegenwart Jesu Christi in der Eucharistie zu vertiefen: „Das Jahr der Eucharistie sei für alle eine kostbare Gelegenheit für ein erneuertes Bewusstsein dieses unvergleichlichen Schatzes, den Christus seiner Kirche anvertraut hat. Es sei ein Ansporn für eine lebendigere und innigere Feier der Eucharistie, aus der ein von der Liebe durchdrungenes christliches Leben entspringen möge."[19] Diese Vertiefung des Geheimnisses der Eucharistie ist in der heutigen Situation der Kirche aus verschiedenen Gründen vordringlich.

15.2 Eucharistie in der heutigen pastoralen Situation

Wenn Kirche und Eucharistie unlösbar zusammengehören, dann trifft die beinahe dramatische Verringerung der Teilnahme am Sonntagsgottesdienst in den vergangenen Jahren und Jahrzehnten die Kirche in ihrem Kern viel mehr, als viele bisher vermutet haben. Denn die Teilnahme am gemeindlichen Sonntagsgottesdienst ist ein sensibler Gradmesser für die sonstige Teilnahme am kirchlichen Leben. Dies wird zwar heute nicht gerne gehört; aber es ist und bleibt eine Binsenwahrheit des kirchlichen Lebens, die sich durch die ganze Kirchengeschichte verfolgen lässt bis auf den heutigen Tag. Dies bekennen wir im eucharistischen Hochgebet: „Darum kommen wir vor dein Angesicht und feiern in Gemeinschaft der ganzen Kirche den ersten Tag der Woche als den Tag, an dem Christus von den Toten auferstanden ist."

Die Eucharistie ist die sakramentale Vergegenwärtigung von Tod und Auferstehung Jesu Christi und deshalb der Gottesdienst der christlichen Gemeinde am Sonntag. Diese Grundüberzeugung unseres Glaubens kann in der Kirche heute leider nicht mehr überall verwirklicht werden. Der große Priestermangel bringt es mit sich, dass am Sonntag nicht mehr in allen Pfarreien Eucharistie gefeiert werden kann. Dort ist es sinnvoll und sehr zu begrüßen, wenn die Christen und Christinnen dennoch zusammenkommen und einen Wortgottesdienst oder das Stundengebet der Kirche oder eine eucharistische Anbetung oder eine andere Liturgie feiern. Denn der auferstandene Christus schenkt uns seine Gegenwart auch in seinem Wort und dort, wo zwei oder drei in seinem Namen versammelt sind. Die Begegnung mit Christus in seinem Wort steht im Mittelpunkt einer Wort-Gottes-Feier, die deshalb bewusst diesen schönen Namen trägt.

Dennoch dürfen wir uns an diese Situation nicht einfach gewöhnen. Denn die Feier der Eucharistie am Sonntag ist letztlich durch nichts ersetzbar und austauschbar. Daraus ergibt sich für die Kirche die große Pflicht, dafür Vorsorge zu treffen, dass genügend Priester zur Verfügung stehen, die der Feier der Eucharistie vorstehen können. An erster Stelle gehört dazu das Gebet um neue Priesterberufungen, dem die von uns Schweizer Bischöfen ausgerufenen Jahre der Berufungen in besonderer Weise dienen wollten.

Ebenso ist es angebracht, an einen altchristlichen Brauch zu erinnern, der bei uns bis ins 19. Jahrhundert in Geltung war und der in der Ostkirche bis heute in Kraft ist, dass nämlich in jeder Gemeinde am Sonntag nur *eine* Eucharistie als Versammlung der ganzen Gemeinschaft gefeiert wurde. Dahinter steht die Glaubensüberzeugung, dass die Feier der Eucharistie am Sonntag der Sammlung der Gemeinde und nicht ihrer Zerstreuung, gleichsam ihrer „Diaspora", dienen soll. Uns auf diese alte Tradition zurückzubesinnen und sie situationsgerecht zu erneuern, könnte eine Herausforderung der pastoralen Situation sein, in der wir heute stehen. Denn sie könnte es ermöglichen, dass in mehr Pfarreien am Sonntag Eucharistie gefeiert werden kann und dass die eucharistische Solidarität zwischen den christlichen Gemeinden gefördert würde.

15.3 Eucharistie und eucharistisches Leben im Alltag

Vielleicht ist dies für viele ein recht ungewohnter Gedanke. Doch auch in der Kirche darf und soll Not erfinderisch machen, um sie zumindest lindern zu können. Gerade in der pastoral schwierig gewordenen Situation von heute ist uns deshalb auch die Frage gestellt, ob wir nicht nur an einem großen Priestermangel leiden, sondern auch an einem ebenso großen Mangel an Wertschätzung der Eucharistie. Denn die Eucharistie ist und bleibt das Herz der Kirche, und dieses Herz heißt überströmende Liebe. Die Eucharistie ermöglicht und schenkt die innerste Sym-Pathie des Christen mit Christus, den Gleichklang unseres Herzens mit dem Herzen Jesu, das für uns Menschen geschlagen hat, bis es aus Liebe zu uns am Kreuz verblutet ist.

Angesichts dieser unschätzbaren Kostbarkeit der Eucharistie müssen wir uns immer wieder die unbequeme Frage stellen, was uns die Eucharistie wert ist: Was kostet uns die Eucharistie? Nur eine Stunde Zeit am Sonntag? Dies kann doch unmöglich alles sein! Die Eucharistie hat Jesus nichts weniger als sein Leben gekostet: „Das ist mein Leib, der für euch hingegeben wird." – Das ist „mein Blut, das für euch und für viele vergossen wird." An der Eucharistie teilnehmen heißt deshalb immer auch: sich selbst an Gott und die Menschen hingeben wie Jesus, der sein Leben hingegeben hat zur Vergebung der Sünden.

In der Eucharistie ist das von Gott uns geschenkte Heil in seiner ganzen Fülle gegenwärtig. Zugleich liegt in der Eucharistie die große Herausforderung, in ihrem Licht das alltägliche Leben zu gestalten und unsere Sendung in der heutigen Welt wahrzunehmen. Denn die Feier der Eucharistie will ihre Fortsetzung und Bewährung in der eucharistischen Sendung im Alltag finden. Wie die Emmausjünger, nachdem sie im Brechen des Brotes den Herrn erkannt hatten, „noch in derselben Stunde" aufbrachen (Lk 24,33), um vom Erfahrenen, Gehörten und Gesehenen zu erzählen, so erweckt auch heute die Begegnung mit Jesus Christus in der Eucharistie in der Kirche und in jedem Christen „den Drang zum Zeugnisgeben und zur Evangelisierung".[20] Von daher betrachtete Papst Johannes Paul II. die Eucharistie auch als „Prinzip und Plan der Mission" der Kirche, und er hob dabei vor allem die sozialen und politischen Aspekte hervor: Die Eucharistie ist nicht nur Ausdruck der Lebensgemeinschaft der Kirche, sondern auch ein „Projekt der Solidarität für die gesamte Menschheit". Denn der Christ, der an der Eucharistie, der „großen Schule der Liebe", teilnimmt, ist herausgefordert, „sich zum Förderer von Gemeinschaft, Frieden und Solidarität zu machen".[21]

Mission und Eucharistie gehören unlösbar zusammen. Denn wer sich in der Feier der Eucharistie in den gekreuzigten und auferstandenen Christus hinein verwurzelt, dessen alltägliches Leben kann, wie der heilige Franz von Assisi einmal sehr schön gesagt hat, zu einem einzigen eucharistischen Hochgebet werden. Die eucharistische Sammlung am Sonntag will in die eucharistische Sendung im Alltag münden. Auch diesbezüglich ist die Eucharistie das Herz im Blutkreislauf des kirchlichen Lebens.

16. Gott nicht beiseiteschieben

Mit dem Ersten Fastensonntag beginnen wir die Österliche Bußzeit. Sie lädt uns in jedem Jahr ein, uns auf das Fest aller Feste, auf Ostern, intensiv vorzubereiten und uns damit auf die Fundamente unseres Glaubens neu zu besinnen. Gemäß einer alten Tradition trägt diese Zeit den lateinischen Namen *Quadragesima:* Zeit der Vierzig Tage. Diese Bezeichnung kann uns helfen, den tiefen Sinn nicht nur dieser Zeit, sondern des christlichen Lebens überhaupt zu bedenken.

16.1 Zeit der Vierzig Tage

Vierzig ist in der Heiligen Schrift eine wichtige Zahl. Sie erinnert an die vierzig Tage des Fastens Jesu in der Wüste. Diese verweisen ihrerseits zurück auf die vierzig Tage, die Mose auf dem Berg Sinai fastend verbracht hat, bevor er das Wort Gottes auf den heiligen Bundestafeln in Empfang nehmen konnte. Zu denken ist aber auch an die vierzig Tage, während denen Elias zum Gottesberg Horeb gewandert ist, und besonders an die vierzig Jahre, während denen Israel durch die Wüste wandern musste.

In dieser langen Zeit hat Israel die Wüste als eine Zeit der äußersten Gefährdung und der großen Versuchungen erlebt. Es war die Zeit, in der Israel mit seinem Gott unzufrieden wurde und gegen ihn gemurrt hat und deshalb wieder in sein früheres Heidentum zurückkehren wollte. Es war die Zeit, in der Israel hin- und hergerissen war, in der es im Kreis herum gelaufen ist und keinen Weg mehr gefunden hat. Es war die Zeit, in der Israel sich seine eigenen Götter gemacht hat, weil in seiner Wahrnehmung der liebende Jahwe in eine derart große Ferne entrückt war, dass dieser ferne Gott ihm nicht mehr zu genügen vermochte. Es war die Zeit, in der Israel von Gott hart ins Gericht genommen worden ist; es war aber auch die Zeit, in der Gott Israel immer wieder sein grenzenloses Erbarmen geschenkt hat.

Ist in dieser vierzigjährigen Wüstenzeit Israels nicht auch unsere Situation als Kirche heute beschrieben? Sind wir nicht erneut in die Zeit der Wüste hinein geschickt? Sind wir nicht in besonders eklatanter Weise Kirche in der Quadragesima, Kirche in der Wüste? Es wird immer deutlicher, dass wir das ehemals „Gelobte Land" irdischer Sicherungen und Behausungen in der westeuropäischen Welt weithin verloren haben, und dass uns Vieles, das wir bisher als gesichert betrachtet haben, genommen wird. Oft scheint es, dass wir uns jetzt in der Wüste aufhalten und sich bei uns auch die typischen Halluzinationen der Wüste aufdrängen, die in den drei Versuchungen Jesu exemplarisch dargestellt sind: Steine in Brot verwandeln, mit dem Sprung von der Tempelzinne der Sensation der Menschen dienen und dabei Gott auf die Probe stellen und den Glauben mit Macht verwechseln.

Sieht man genauer zu, geht es in den drei Versuchungen Jesu im Grunde um drei Variationen der einen Grundversuchung, nämlich lieber auf das scheinbar ohnmächtige Wort und die wehrlose Liebe Gottes zu verzichten und statt dessen den Menschen – „kundenfreundlich", wie es heute gerne heißt – zu besorgen, was sie selber wollen, nämlich Brot, Sensation und den Triumph der Macht. Die Wüstenzeit Israels und die Wüstenzeit der Kirche sind in der Tat Zeiten der Versuchung, deren Kern gemäß der klaren Diagnose von Papst Benedikt XVI. im „Beiseiteschieben Gottes" liegt, der angesichts der Schwerkraft des Vordergründigen in unserem Leben als Frage zweiter Ordnung erscheint: „Sich selber, die Bedürfnisse und Wünsche des Augenblicks wichtiger zu nehmen als ihn, das ist die Versuchung, die uns immer bedroht. Denn darin wird Gott das Gottsein abgesprochen, und wir machen uns selbst oder vielmehr die uns bedrohenden Mächte zu unserem Gott."[22]

16.2 Zeit christlicher Prophetie

Jesus aber hat diese Grundversuchung dadurch überwunden, dass er am Vorrang Gottes und seines Willens festgehalten hat.

Für ihn war deshalb die Wüste nicht nur die Zeit der Versuchung, sondern auch die Zeit der besonderen Nähe Gottes. Denn es heißt ausdrücklich im Evangelium, dass es der Geist war, der Jesus in jener Zeit in die Wüste trieb. Auch für die Kirche heute kann die Zeit der Wüste zur Zeit der Gnade werden, wenn wir wie Jesus und mit ihm bewusst den Weg in die Wüste gehen, um unser menschliches und christliches Leben neu zu orientieren, und zwar in der Überzeugung, dass letztlich nur dort, wo Gott in der Welt anerkannt wird, auch der Mensch zu Ehren kommt.

Auf dieser Wüstenwanderung brauchen wir alle hilfreiche Begleitung und, wie wir heute gerne sagen, prophetische Menschen, die uns den Weg weisen. In der Heiligen Schrift sind prophetische Menschen freilich nicht einfach Wahrsager, die zukünftige Ereignisse ankündigen. Sie sind aber auch nicht einfach professionelle Kritiker von kirchlichen Institutionen. Prophetische Menschen sind zwar durchaus berufen, gegen das Missverständnis und den Missbrauch des Wortes Gottes dessen lebendigen Anspruch geltend zu machen; sie sind aber keineswegs das Gegenteil zum Gesetz Gottes. Dies zeigt sich im Alten Testament schon darin, dass am Ende der Fünf Bücher Mose kein anderer als Prophet bezeichnet und gerühmt wird als der Gesetzgeber Mose, der sein Volk durch die Wüste geführt hat: „Niemals wieder ist in Israel ein Prophet wie Mose aufgetreten. Ihn hat der Herr Aug in Aug berufen" (Dtn 34,10).

Damit ist das wesentliche Kennzeichen des Prophetentums auch in der Kirche benannt: Aug in Aug vom Herrn berufen. Ein prophetischer Mensch redet mit Gott so vertraut, wie ein Freund mit einem Freund spricht; und aus dieser direkten Begegnung mit Gott kann er dann in die Zeit hineinreden. Ein prophetischer Mensch sagt deshalb aus der inneren Berührung mit Gott die Wahrheit in die heutige Situation hinein, die freilich auch die Zukunft erhellt. Solche prophetische Menschen, die selbst „Aug in Aug" mit Gott leben und uns ebenfalls in dieses „Aug in Aug" mit Gott hineinführen, brauchen auch wir in der Wüstenwanderung der Kirche heute, wie damals Israel auf die Prophetie des Mose angewiesen war.

Von daher kann man nachempfinden, dass Israel in seiner Spätzeit die vierzig Jahre der Wüstenwanderung im Rückblick als die Zeit der ersten Liebe Gottes zu Israel und der ersten Liebe Israels zu Gott verstanden hat. In gleicher Weise laden uns die Vierzig Tage zwischen Aschermittwoch und Ostern ein, uns an die erste Liebe zwischen Gott und uns, die uns in der Taufe begegnet ist, zu erinnern und sie neu zu entfachen. Denn die Taufe ist das Zeichen des Neuen Bundes Gottes mit uns Menschen und, wie es in der Lesung heißt, „eine Bitte an Gott um ein reines Gewissen aufgrund der Auferstehung Jesu Christi" (1 Petr 3,21).

16.3 Zeit des Christwerdens

In der frühen Kirche war die Österliche Bußzeit vor allem Zeit der Vorbereitung auf die Taufe und damit Zeit der Christwerdung. Denn die frühe Kirche war überzeugt, dass sich das Christwerden in einem langen Weg der Verwandlung und der Bekehrung vollzieht, den der Mensch Schritt für Schritt zu gehen hat. Die Taufbewerber mussten damals an einem dreijährigen Taufunterricht teilnehmen, den man Katechumenat nannte und dessen Ziel es war, Menschen sorgfältig in das christliche Glaubenswissen und in die christliche Lebensform einzuführen.

Der Katechumenat war in der Alten Kirche jene Institution, in der der Taufbewerber den Ernst der mit seiner Taufe verbundenen Umkehr an den Tag zu legen hatte. Wenn wir heute als Getaufte die Österliche Bußzeit feiern und damit gleichsam die Zeit unserer Christwerdung erneuern, dann tun wir dies im klaren Bewusstsein und aufgrund eigener Erfahrung: Den Weg der Christwerdung hat man nie hinter sich, und man kann ihn nicht mit einem Mal zu Ende gehen. Diesen Weg muss man immer wieder neu beschreiten, weil er unser ganzes Leben erfasst. Die Österliche Bußzeit macht uns so neu bewusst, dass das Christ-*Sein* sich nur als immer wieder neues Christ-*Werden* vollziehen kann. Es ist nie ein abgeschlossen hinter uns liegendes Geschehen in der Vergangenheit, sondern verlangt immer neue Einübung.

Wenn wir die Österliche Bußzeit in dieser Grundhaltung feiern, dann wird sie gleichsam zu Jahresexerzitien der Kirche. Dann werden wir gewiss über die Schönheit unseres Glaubens wieder froh werden und mit neuer Glaubenszuversicht auf Ostern zugehen. Dann kann die Zeit der Wüste auch in der Kirche heute zu einer Zeit der Gnade werden, in der aus dem Leiden der Wüste neue Liebe wächst oder die erste Liebe wieder erwacht.

17. Maß halten

Am Beginn der Österlichen Bußzeit konfrontiert uns das Evangelium (Mt 4,1–11) gleich mit drei Versuchungen, und zwar mit solchen, die Jesus am eigenen Leib in der Wüste erfahren hat. Es ist das elementare Bedürfnis nach Nahrung, das zum Ansatzpunkt für die Versuchungen wird. Besonders in die Augen fallend ist, dass es der Heilige Geist ist, der Jesus in die Wüste der Versuchungen führt. Sie müssen deshalb auch etwas Grundlegendes für unser christliches Leben besagen. Dies leuchtet freilich erst auf, wenn wir bedenken, dass sich hinter den Versuchungen elementare Urwünsche von uns Menschen verbergen, die ernst genommen werden wollen.

17.1 Menschliche Versuchungen nach Besitz, Macht und Ansehen

Der grundlegendste Antrieb von uns Menschen ist der Urwunsch nach Verwurzelung, Beheimatung und deshalb *Besitz*. Der Mensch sehnt sich danach, seinen Platz in der Welt zu haben, zu einer Gemeinschaft zugehörig zu sein und Besitz sein eigen zu nennen. Dieser Urwunsch kann aber in die Versuchung umschlagen, indem er maßlos wird und alles in Besitz nehmen will. Der Mensch wird dann zu einem Menschen allein des Habens, so dass ihm die Welt nur noch als Ware begegnet, die er besitzen und gebrauchen kann. Dies ist die typische Haltung des Konsumismus, die heute weit verbreitet ist und zu der auch Jesus versucht worden ist: Der Teufel versucht den fastenden und deshalb hungrigen Jesus zu überreden, er solle doch befehlen, dass aus den Steinen in der Wüste Brot wird. Er will ihn dazu verleiten, sich in Selbstmächtigkeit am Leben zu erhalten, statt in Armut Gott selbst und dessen Willen seine Speise sein zu lassen. Doch Jesus beweist seine Freiheit im Umgang mit den weltlichen Dingen. Er hungert zwar, aber nicht nach selbst fabriziertem Brot, sondern nach dem Wort, das aus Gottes Mund kommt. Denn er weiß, dass der Mensch nicht nur vom Brot lebt, sondern in erster Linie vom Lebensbrot, das nur Gott geben kann und das er uns schenkt in der Feier der Eucharistie. Sie ist das immerwährende Brotwunder Jesu, das bis zum Ende der Zeit unausschöpfbar dauern wird.

Ein zweiter Antrieb in uns Menschen ist der Urwunsch nach Wachstum und Freiheit und deshalb nach *Macht*. Dies ist der Wunsch, etwas machen zu können und Einfluss auf andere Menschen zu gewinnen, also der Wunsch nach Selbstverwirklichung. Auch dieser menschliche Urwunsch kann zur Versuchung werden, wenn der Mensch seine Freiheit dahingehend missversteht und verwirklicht, dass er tun kann, was ihm gerade gefällt, wenn er also seine Freiheit nur für sich selbst, seine Wünsche und seine Lust einsetzt. So ausgeübte Macht und Freiheit geht aber immer zu Lasten der anderen, die in ihrer Freiheit beschnitten und gleichsam zum „Material" der Freiheit anderer heruntergestuft werden. In diese Versuchung zum Machtmissbrauch ist auch Jesus geführt worden: Der Teufel führt Jesus auf einen Berg, er zeigt ihm alle Reiche der Erde und verspricht ihm, alle zu geben, wenn er sich vor ihm niederwirft und ihn anbetet. Er versucht Jesus, sich alle Macht der Welt anzueignen, um gewaltsam sein eigenes Reich durchsetzen zu können, statt in gehorsamer Erwartung Gottes Reich anbrechen zu lassen. Jesus aber verweigert sich dem verführerischen Griff nach der Macht über die Reiche dieser Welt. Er baut vielmehr auf die scheinbare Ohn-Macht Gottes in dieser Welt, die sich in seinen Augen freilich als die größte Macht der Welt erweisen wird, nämlich als Macht der Liebe. Er macht sich stark für den Vorrang Gottes und seiner Anbetung: „Vor dem Herrn, deinem Gott, sollst du dich niederwerfen" (Mt 4,10). Denn Jesus weiß, dass überall dort, wo Gott großgemacht wird, der Mensch gerade nicht kleingemacht wird, sondern an der Größe Gottes Anteil gewinnt.

Der dritte große Antrieb im Leben des Menschen ist der Urwunsch nach Zuwendung und Anerkennung und deshalb nach *Ansehen*. In uns Menschen lebt die Sehnsucht, einmalig und – im besten Sinn des Wortes – originell sein zu dürfen. Aber auch dieser menschliche Urwunsch nach Ansehen kann maßlos werden, und zwar vor allem dann, wenn Menschen das Gelingen und den Sinn ihres Lebens von der Erfüllung dieses Wunsches nach Ansehen und Prestige total abhängig machen. Dann entsteht die Versuchung, den Menschen zu einem anonymen und geheimnislosen Bündel von steuerbaren Bedürfnissen zu erniedrigen, wie dies auch Jesus erfahren musste: Der Teufel stellt Jesus oben auf den Tempel in Jerusalem und befiehlt ihm, sich hinabzustürzen. Dies ist die Versuchung, sich in einer prächtig-mächtigen Show einem breiten Publikum zu präsentieren, um bei den Menschen anzukommen. Jesus aber beweist sein Warten-Können auf das An-Sehen, das ihm nur Gott geben kann. Er verzichtet auf die mächtige Show, weil ihm der Applaus der Menschen nichts, das Ansehen Gottes hingegen alles bedeutet. Jesus hat sich nicht von der Tempelzinne gestürzt. Er hat Gott nicht versucht und ist nicht in die Tiefe gesprungen. Stattdessen hat er am Kreuz den Hinabstieg in die Tiefe des Todes gewagt, und zwar als Akt der Liebe von Gott her für uns Menschen.

17.2 Die eine Grundversuchung

Die biblische Versuchungsgeschichte zeigt, dass Jesus die Ursuchungen von uns Menschen am eigenen Leib erfahren hat, dass er aber in der Überwindung dieser Versuchungen auch die menschlichen Urwünsche neu zum Leuchten gebracht hat, und zwar in einer unerhörten Freiheit: in der Freiheit im Umgang mit den Dingen unserer Welt, in der Freiheit zum Erwarten-Können und in der Freiheit zum Machtverzicht. Dies sind die drei entscheidenden christlichen Grundhaltungen, die den gläubigen Umgang mit den menschlichen Urwünschen ausmachen und die in der heutigen Welt höchst aktuell sind.

Sie gelten freilich nicht nur für den einzelnen Menschen, sondern sind auch Grundvoraussetzungen für eine menschliche Politik und Wirtschaft. Daran werden wir vom Fastenopfer, dem großen Hilfswerk der Schweizer Katholiken und Katholikinnen in der Fastenzeit, erinnert, im Jahr 2006 gerade mit seinem Jahresthema „Wir glauben. Arbeit muss menschenwürdig sein." Dazu wurden wir auch von der kirchlichen Soziallehre herausgefordert, zumal in jenem Jahr, in dem wir den 40. Jahrestag der großen Enzyklika „Über die Entwicklung der Völker" *(Populorum progressio)* von Papst Paul VI. und den 20. Jahrestag der Enzyklika „Über die soziale Sorge der Kirche" *(Sollicitudo rei socialis)* von Papst Johannes Paul II. begingen. Beide großartigen Texte laden uns auch heute ein, uns als mutige Verteidiger der Würde des Menschen zu bewähren, indem wir auch heute darauf verzichten, Gott zu versuchen und auf die Probe zu stellen. Denn Gott wird auch heute – wie bei den Versuchungen Jesu – auf die Probe gestellt überall dort, wo die Würde des Menschen, des Ebenbildes Gottes, mit Füssen getreten wird in grausamen Kriegen, aber auch in Elend, Armut und Unterdrückung.

Erst damit leuchtet der tiefere Sinn der Versuchungsgeschichte ein. Denn der Teufel leitet seine Verführungen jeweils mit dem Wort ein: „Wenn du Gottes Sohn bist." Unwillkürlich werden wir dabei an dasselbe Wort der Spötter unter dem Kreuz Jesu erinnert: „Wenn du Gottes Sohn bist, hilf dir selbst, und steig herab vom Kreuz" (Mt 27,40). Dies ist eindeutig ein Wort der Verhöhnung Jesu. Zugleich enthält dieses Wort die Herausforderung an Jesus, er solle, wenn er glaubwürdig sein wolle, den Beweis für seinen Anspruch antreten. Diese Beweisforderung ist die eigentliche Versuchung, die hinter den drei Versuchungen steht. Es ist die Versuchung, sich selbst, die eigenen Bedürfnisse und Wünsche für wichtiger zu nehmen als den lebendigen Gott.

Jesus aber macht sich stark für den Vorrang Gottes in seiner Sendung und auch in unserem Leben.

17.3 Betender Umgang mit den Versuchungen

Von daher ist es kein Zufall, dass Jesus die drei Urversuchungen, die er selbst erfahren hat und denen wir Menschen ständig ausgesetzt sind, auch zu den Grundanliegen seines eigenen Gebetes gemacht hat: Jesus heißt uns, darum zu beten, dass Gottes Name geheiligt und unsere Versuchung nach Ansehen und Prestige unterlaufen werde. Jesus lädt uns ein, darum zu beten, dass Gottes Reich komme und unsere Versuchung nach Macht und Herrschaft beendet werde. Und Jesus ermutigt uns, darum zu beten, dass Gottes Wille geschehe und unsere Versuchung nach Besitz und egoistischer Eigensüchtigkeit unterbrochen werde.

Das Herrengebet bringt es damit an den Tag, was Beten heißt. Es zeigt, dass es christlichem Gebet um die Einordnung unseres Lebens und unserer Wünsche und Bestrebungen in die Ziele Gottes mit seiner Welt, in seinen universalen Heilswillen, geht. Das Vaterunser setzt gerade nicht bei unseren Wünschen und Sehnsüchten ein, sondern mit den elementaren Bitten für Gott selbst: dass sein Name geheiligt werde, dass sein Reich komme und dass sein Wille geschehe. Indem das Herrengebet uns herausfordert, uns in erster Linie um Gott zu kümmern, mutet es uns aber keineswegs zu, unsere eigenen Wünsche und Bestrebungen zu vergessen. Vielmehr folgen auf die drei Bitten für Gott die ebenso elementaren Bitten für uns Menschen: für das tägliche Brot, für die unerlässliche Vergebung, für die Bewahrung vor der stets gegenwärtigen Versuchung und für die Erlösung vor dem uns immer wieder bedrohenden Bösen.

Das Herrengebet ist deshalb das Urgebet von uns Christen; es ist, wie der Kirchenschriftsteller Tertullian treffend gesagt hat, Summe des ganzen Evangeliums. Christsein heißt, ein Leben lang das Vaterunser lernen. Dazu lädt uns in besonderer Weise die Österliche Bußzeit ein, die uns realistisch die Grundversuchungen von uns Menschen vor Augen führt, uns aber helfen will, mit unseren Urwünschen in einer gläubigen Grundhaltung so umzugehen, dass die Versuchungen zu Chancen der Umkehr werden können, wie es sich auch im Leben Jesu gezeigt hat. Von daher wird es nicht mehr erstaunen, dass es der Heilige Geist gewesen ist, der Jesus in die Wüste der Versuchungen geführt und ihn darin begleitet hat. Bitten wir in der kommenden Fastenzeit den Heiligen Geist, dass er auch uns zur Umkehr bewegt und uns den Vorrang Gottes in unserem eigenen Leben lehrt, für den Jesus mit seinem Leben und Sterben eingestanden ist.

18. Den Glauben neu verkünden

Für das Jahr 2008/2009 kündigte Papst Benedikt XVI. ein Paulusjahr zum dankbaren Gedenken des Völkerapostels Paulus anlässlich der 2000-Jahrfeier seiner Geburt an, die von den Historikern zwischen den Jahren 7 und 10 nach Christi Geburt angesetzt wird. Paulus gehört nicht nur zu den eindrücklichsten Persönlichkeiten und markantesten Gestalten in der Urkirche, sondern er hat auch und gerade in der heutigen Situation der Kirche viel zu sagen. Es lohnt sich, auf seine grundlegenden Glaubenseinsichten neugierig zu sein.

18.1 Apostel durch Bekehrung

Beeindruckend ist bereits die Art und Weise, in der Paulus Christ geworden ist. Auch vor seiner Bekehrung ist er keineswegs ein Mensch gewesen, dem Gott nichts bedeutet und der seinem Gesetz ferne gestanden hätte. Er ist vielmehr ein strenggläubiger Jude gewesen, so dass er den neuen Glauben der Christen, bei dem nicht so sehr das Gesetz Gottes, sondern die Person des gekreuzigten und auferstandenen Christus im Mittelpunkt steht, als für den jüdischen Gottesglauben nicht annehmbar, sondern skandalös beurteilt hat. Von daher hat er sich verpflichtet gesehen, die Anhänger Jesu Christi auch außerhalb von Jerusalem zu verfolgen. Dies änderte sich blitzartig mit dem sogenannten Erlebnis vor Damaskus, als Paulus Christus begegnet und von seinem Licht berührt worden ist. Von diesem Moment an hat er sich ganz auf die Seite des gekreuzigten und auferstandenen Christus und sein ganzes Leben in den Dienst der Verkündigung seines Evangeliums gestellt.

Dieser radikale Seitenwechsel im Leben des Paulus enthält auch für uns Menschen heute eine befreiende Botschaft: Wenn der auferstandene Christus den Christenverfolger Saulus sogar zu seinem Apostel berufen und ihm den neuen Namen Paulus gegeben hat, dann ist es evident, dass es bei Christus einfach keine hoffnungslosen Fälle gibt. Mag ein Mensch noch so tief gefallen sein – er kann eigentlich nie tiefer fallen als in die ausgebreiteten Arme und auffangenden Hände Jesu Christi. Dass eine solche Begegnung mit dem auferstandenen Christus dann auch das Leben dieses Menschen von Grund auf verändern wird, ist freilich ebenso evident.

Was Paulus vor Damaskus erfahren hat, dies hat er nachher zum Inhalt seiner Verkündigung gemacht, nämlich die Gnade Gottes, die die Menschen einlädt, sich mit Gott, mit sich selbst und den anderen Menschen zu versöhnen. Paulus war dabei überzeugt, dass diese Botschaft nicht nur die Juden betreffen kann, dass sie vielmehr eine universale Bedeutung hat und alle Menschen angeht. Denn der Gott, der sich ihm in Jesus Christus offenbart hat, ist Gott aller Menschen und der ganzen Schöpfung.

18.2 Paulus als Missionar

Hier zeigt sich der eigentliche Antrieb für die vielen Reisen, die Paulus unternommen hat und die ihn auch nach Europa geführt haben, wo Paulus in Mazedonien zum ersten Mal das Evangelium verkündet hat. Das tiefste Motiv seiner missionarischen Wirksamkeit bestand schlicht darin, dass er umsonst weiterschenken wollte, was er selbst umsonst empfangen hat. Oder um es mit seinen eigenen Worten zu sagen: „Die Liebe Christi drängt uns" (2 Kor 5,14). Nur in dieser Liebe konnte Paulus den schwierigen und manchmal verzweifelten Situationen, denen er ausgesetzt war, entgegentreten. Und nur in dieser Liebe war er auch zur Hingabe seines eigenen Lebens für den Glauben an Christus bereit.

Dass das christliche Evangelium auch in unseren Breitengraden angekommen ist, so dass wir aus ihm leben dürfen, haben wir nicht unwesentlich dem Völkerapostel zu verdanken. Dieses dankbare Gedenken verpflichtet uns Christen freilich, dass wir auch heute unsere Mission wahrnehmen und das Evangelium in einem weithin neuheidnisch gewordenen Europa von neuem verkünden. Solche neue Evangelisierung wird glaubwürdig nur gelingen können, wenn ihr eigentlicher Beweggrund – wie bei Paulus – die Liebe ist, die gerade nicht gelebt wird, um andere oder gar eigennützige Ziele zu erreichen, sondern die letztlich immer umsonst ist.

Von daher leuchtet das eigentliche Lebensgeheimnis des Paulus auf: Ihm kam es entscheidend darauf an, Jesus Christus in den Mittelpunkt des eigenen Lebens zu stellen und ihn zu den Menschen zu tragen. Darin besteht die neue Ausrichtung seines Lebens nach der Bekehrungserfahrung vor Damaskus: Wer von Christus gerecht gemacht wird, dies heißt angenommen ist, lebt nicht mehr für sich selbst und seine eigene Gerechtigkeit. Er lebt vielmehr mit Christus, indem auch er sich selbst hingibt und am Schicksal Jesu Christi Anteil gewinnt. Oder mit den eigenen Worten des Paulus: „Ich bin mit Christus gekreuzigt worden; nicht mehr ich lebe, sondern Christus lebt in mir. Soweit ich jetzt aber noch in dieser Welt lebe, lebe ich im Glauben an den Sohn Gottes, der mich geliebt und sich für mich hingegeben hat" (Gal 2,19b–20).

18.3 Taufe als mystisches Geschehen

Mit diesen tiefen Worten hat Paulus umschrieben, was sich in der Taufe ereignet: Mit der Taufe wird der Täufling hinein genommen in die Bewegung Jesu Christi vom Tod zum Leben, die

Paulus in seinem Brief an die Römer (5,12–19) so eindringlich beschreibt. Die Taufe bedeutet in den Augen des Paulus einen radikalen Existenzwechsel von dem „fleischlichen", der Sünde und dem Tod ausgelieferten, Leben zum „geistlichen", von Gottes Geist geleiteten, Leben im Sinne der Befreiung zum wahren Sein. Diese muss Gestalt gewinnen in einer radikalen Änderung der Lebensweise, die vor allem einschließt, in Übereinstimmung und in persönlicher Freundschaft mit Christus zu leben.

Für Paulus ist die Taufe nicht einfach ein Sakrament, das rein äußerlich vollzogen werden könnte; es geht ihm vielmehr um eine innere Umwandlung des getauften Menschen. Paulus genügt es jedenfalls nicht, dass wir einfach Getaufte sind; für ihn ist es viel entscheidender, dass wir durch die Taufe „in Christus" sind und mit ihm leben. Indem Paulus dieses gegenseitige Durchdrungensein von Christus und dem Getauften sehr stark hervorhebt, könnte man von einer sehr verinnerlichten, geradezu „mystischen" Dimension in der Paulinischen Sicht der Taufe sprechen.

An dieser tiefen Schau der Taufe könnten und sollten wir uns gerade in der pastoralen Situation von heute neu orientieren. Denn die Taufe kann nur dort an ihr Ziel kommen, wo sie in eine ganz persönliche Freundschaft mit Christus hinein führt. Diese zu vertiefen oder zu erneuern, ist auch der eigentliche Sinn der Österlichen Bußzeit, die auf die Erneuerung unserer Taufversprechen in der Feier der Heiligen Osternacht zielt, dem allerwichtigsten Gottesdienst der christlichen Glaubensgemeinschaft im Kirchenjahr.

18.4 Christus und Kirche

Von daher kommt schließlich neues Licht auf das Verhältnis des Paulus zur Kirche. Zunächst fällt auf, dass Paulus nicht auf dem gewöhnlichen Weg, nämlich durch die Kirche, zu Christus gekommen ist, wiewohl er vor der Begegnung mit Christus der Kirche begegnet ist. Doch diese Begegnung war völlig kontraproduktiv; sie führte nicht zur Zustimmung, sondern zu heftiger Ablehnung und deshalb Verfolgung der Kirche. Erst das direkte Eingreifen

Christi in das Leben des Paulus auf dem Weg nach Damaskus hat ihn zu seiner Zustimmung zur Kirche Jesu Christi geführt.

Dabei sticht im Bericht des Lukas in der Apostelgeschichte in die Augen, dass sich Christus selbst mit der Kirche identifiziert, wenn er zu Paulus spricht: „Saul, Saul, warum verfolgst du mich?" (Apg 9,4). Christus gibt damit dem Paulus zu verstehen, dass die Kirche zu verfolgen im Grunde bedeutet, Christus selbst zu verfolgen. Indem Paulus die Kirche verfolgte, verfolgte er zugleich Christus. Dies bedeutet natürlich auch umgekehrt, dass sich Paulus auf dem Weg nach Damaskus nicht nur zu Christus, sondern zugleich auch zu seiner Kirche bekehrt hat.

Diese Kirchenerfahrung des Paulus zeigt, dass man Christus und Kirche nicht voneinander trennen kann. Paulus bringt dies vor allem mit seiner Lieblingsbezeichnung der Kirche als „Leib Christi" zum Ausdruck, dem alle Getauften zugehören und in dem alle mitwirken zur Auferbauung der Kirche. Die tiefste Wurzel dieser Vorstellung der Kirche als „Leib Christi" liegt für Paulus dabei in der Eucharistie als dem Sakrament des Leibes Christi, in dem Christus uns seinen Leib schenkt und uns so sehr zu seinem kirchlichen Leib umwandelt, dass die Eucharistie der immer währende Entstehungsort der Kirche ist. Denn alles kirchliche Leben geht von der Eucharistie aus und sammelt sich wieder um den Altar Jesu Christi herum.

18.5 Erneuerung des Christseins und der Kirche

Damit schließt sich der Kreis: Paulus legt Wert darauf, dass er nicht durch eigene Anstrengung Christ und Apostel geworden ist, sondern durch eine persönliche Berufung durch Christus. Was er umsonst empfangen durfte, wollte er auch umsonst weitergeben, und dadurch ist er zum großen Völkermissionar geworden. Das tiefste Motiv für seine vielen Reisen war die Liebe, die er von Christus empfangen hat und an der die Taufe innigen Anteil schenkt. Von daher erkannte er stets tiefer, dass die Kirche der Leib Christi und deshalb berufen ist, Christus in den Mittelpunkt ihres Lebens zu stellen und ihn zu den Menschen zu tragen.

In diesen grundlegenden Perspektiven erweist sich Paulus als ein glaubwürdiges Modell auch für unser heutiges Christsein und das Leben der Kirche. Das Paulusjahr war ein willkommener Anlass, uns wieder einmal in die kostbaren Briefe des Paulus zu vertiefen und diese Begegnung für unser Christsein fruchtbar zu machen.

19. Dem Ruf zur Heiligkeit folgen

Am 12. Oktober 2008 hat Papst Benedikt XVI. in Rom Schwester Maria Bernarda heiliggesprochen. Die im Jahre 1848 in Auw im Kanton Aargau geborene Verena Bütler trat zunächst bei den Kapuzinerinnen in Altstätten ein. Im Alter von vierzig Jahren zog sie mit sechs Mitschwestern zuerst nach Ecuador und später nach Kolumbien, wo sie segensreich gewirkt und die neue Kongregation der Franziskaner Missionsschwestern von Maria Hilf gegründet hat. Nach der heiligen Wiborada, die im 10. Jahrhundert in St. Gallen gelebt hat, ist mit Schwester Bernarda zum zweiten Mal in der Kirche in der Schweiz eine Frau heiliggesprochen worden. Dieses Ereignis lädt uns ein, intensiver darüber nachzudenken, was ein heiliger Mensch im Licht des christlichen Glaubens ist.

19.1 Teilhabe an der Heiligkeit Gottes

Eine hilfreiche Antwort gibt uns in der Feier der Eucharistie die Präfation von den Heiligen, in der es heißt: „Die Schar der Heiligen verkündet deine Größe, denn in der Krönung ihrer Verdienste krönst du das Werk deiner Gnade." Nicht wir Menschen sind es, die sich selbst heilig machen könnten; es ist vielmehr das Werk der Gnade Gottes, die einen Menschen heiligt. Heilig ist deshalb allein Gott. Wir Menschen vermögen nur dadurch heilig zu werden, dass wir uns ganz in Gott hinein verwurzeln und für ihn durchsichtig werden, wie es Johannes in seinem ersten

Brief ausdrückt: „Jeder, der dies von ihm erhofft, heiligt sich, so wie Er heilig ist" (1 Joh 3,3).

Von Gott selbst muss also die Rede sein, wenn wir von heiligen Menschen sprechen. Von Gott bekennt der christliche Glaube, dass er so groß ist, dass er selbst klein werden kann, so gut, dass er selbst Mensch wird, und so unendlich, dass er im endlichen Lebensraum von uns Menschen wohnen will. Der Gott der christlichen Offenbarung verbleibt nicht hinter den Wolken unserer Welt und schaut nicht teilnahmslos dem Geschehen der Welt zu; er will vielmehr als Gott von Ewigkeit zu Ewigkeit in der Geschichte von uns Menschen gegenwärtig sein und bei uns ankommen.

Von dieser Grundüberzeugung her erschließt sich der wahre Sinn christlicher Heiligenverehrung. Dort nämlich, wo das Urteil des Glaubens den Mut aufbringt, von einem konkreten Menschen zu bekennen, dass Gott in seinem Leben endgültig angekommen ist, dort ist im Tiefsten das gegeben, was die katholische Kirche einen heiligen Menschen nennt: Ein Heiliger ist ein Mensch, der so offen und empfangsbereit für Gott ist, dass Gott wirklich bei ihm ankommen und Ankunft, Advent halten kann. Oder im Licht des Evangeliums gesagt: Ein Heiliger ist ein Christ, der ganz aus dem Geist der Seligpreisungen Jesu lebt.

Wenn wir einen solchen Heiligen verehren, dann ehren und loben wir Gott, genauerhin Gottes endgültige Ankunft und seinen siegreichen Advent bei diesem heiligen Menschen. Die katholische Praxis der Heiligenverehrung ist deshalb Gottesverehrung und Gottesdienst. Es ist der begnadende Gott selbst, durch den auch der begnadete Mensch – freilich in abbildhafter Weise – zum Glaubensgeheimnis wird. Die Heiligenverehrung ist so der Höhepunkt der christlichen Einheit von Gottes- und Nächstenliebe.

19.2 Taufe als Fundament der Heiligkeit

In der Gemeinschaft mit den Heiligen dürfen wir uns geborgen wissen und erhalten wir Kraft in unserem Bemühen um Heiligkeit. Denn zur Gemeinschaft der Heiligen gehören nicht nur die großen Gestalten, die uns vorangegangen sind und deren Namen wir kennen. Zur Gemeinschaft der Heiligen gehören vielmehr alle Christen, die auf den Namen des dreifaltigen Gottes getauft sind und die aus der Eucharistie leben, in der Christus uns verwandeln und sich ihm gleich gestalten will.

In der Heiligen Schrift werden deshalb die Getauften selbst als „Heilige" bezeichnet, freilich nicht, weil sie makellos wären und keine Fehler machen würden, sondern weil sie von Christus im Sakrament der Taufe geheiligt worden sind. Selbst die heiligen Apostel sind nicht „vom Himmel gefallen", sondern sie sind Menschen wie wir mit ihren je eigenen Stärken und Schwächen gewesen. Jesus hat sie berufen, nicht weil sie bereits heilig gewesen wären, sondern damit sie heilig werden. Christliche Heiligkeit besteht nicht darin, nie einen Fehler gemacht oder keine Sünden begangen zu haben. Christliche Heiligkeit wächst vielmehr in der Fähigkeit zur Bekehrung und in der Bereitschaft, immer wieder neu anzufangen.

Aufgrund der Taufe sind wir alle zur Heiligkeit berufen. Denn auf die wohl elementarste Frage des christlichen Glaubens, worin der Wille Gottes besteht, vernehmen wir aus dem Ersten Thessalonicherbrief die ebenso elementare Antwort: „Das ist es, was Gott will: eure Heiligung" (4,3). Der biblische Autor sagt damit, dass der Wille Gottes im Letzten ganz einfach und in seinem Kern für alle Menschen gleich ist, nämlich Heiligkeit. Vor Gottes Angesicht ist Heiligkeit gerade nicht das Ungewöhnliche, sondern das Gewöhnliche und somit das für jeden Getauften Normale. Christliche Heiligkeit besteht im Normalfall nicht in irgendwelchen unnachahmbaren Heroismen, sondern im gewöhnlichen Leben des Christen mit Gott, um dieses Leben im Geist des Glaubens zu durchformen.

Diese Glaubensüberzeugung hat das Zweite Vatikanische Konzil in Erinnerung gerufen, das der „allgemeinen Berufung zur Heiligkeit" eine große Bedeutung beigemessen hat. Das ganze fünfte Kapitel der Dogmatischen Konstitution über die Kirche ist dieser entscheidenden Leitperspektive des christlichen

Lebens gewidmet: „Alle Christgläubigen jeglichen Standes und Ranges" sind „zur Fülle des christlichen Lebens und zur vollkommenen Liebe berufen. Durch diese Heiligkeit wird auch in der irdischen Gesellschaft eine menschlichere Weise zu leben gefördert."[23] Auf dem Konzil aufbauend hat Papst Johannes Paul II. für die Kirche am Beginn des Neuen Jahrtausends pastorale Leitlinien skizziert, bei denen er als erste pastorale Priorität die gemeinsame Berufung zur Heiligkeit hervorgehoben hat: „Ohne Umschweife sage ich vor allen Dingen: Die Perspektive, in die der pastorale Weg eingebettet ist, heißt Heiligkeit."[24]

19.3 Nicht Kopien, sondern Originale der Heiligkeit

Jeder Christ und jede Christin ist berufen, den persönlichen Weg zur Heiligkeit zu gehen. Die christliche Berufung zur Heiligkeit kann nicht darin bestehen, große Heilige einfach kopieren zu wollen. Auch im christlichen Bemühen um Heiligkeit wünscht sich Gott keine Kopien, sondern Originale. Kein Zweiter dürfte dies so deutlich gespürt haben wie Angelo Roncalli, der spätere Papst Johannes XXIII. In einer Tagebuchnotiz aus dem Jahre 1903 hat er seinen Durchbruch im geistlichen Leben mit den folgenden Worten verdeutlicht: Mir ist eines „klar geworden: wie falsch die Auffassung ist, die ich mir von der Heiligkeit, der ich nachstrebe, gebildet hatte. Bei meinen einzelnen Handlungen, meinen kleinen, sofort erkannten Verfehlungen stellte ich mir das Bild irgendeines Heiligen vor, den ich mir in allem, auch in kleinsten Dingen, nachzuahmen vornahm, genau wie ein Maler ein Bild von Raffael kopiert ... Ich muss nicht die kümmerliche und dürre Reproduktion eines wenn auch noch so vollendeten Typs sein. Gott will, dass wir dem Beispiel der Heiligen solcherart folgen, dass wir das Lebensmark ihrer Tugend uns zu eigen machen, es in unserem Blut umwandeln und unseren besonderen Anlagen und Umständen anpassen."[25]

Vom Lebensmark der Tugend der Heiligen lernen, und zwar alle auf ihre Art: Darum geht es im christlichen Bemühen um Heiligkeit. Denn der lebendige Gott hat einen reichen Garten geschaffen und allen ihre Weise der Heiligkeit gegeben, mit der die Blumen Gottes blühen und die geistlichen Früchte reifen können. Christliche Heiligkeit kann nicht in einer steckendürren Nachahmung von großen Heiligen bestehen, sondern darin, den Lebenssaft des Evangeliums – den *sugo vitale* – und damit die wahre Essenz der Heiligkeit heiligen Menschen gleichsam abzulauschen und auf diesem Weg dem persönlichen Ruf Gottes mit dem eigenen Leben zu antworten.

Der heilige Franz von Sales, der große Bischof von Genf vor vierhundert Jahren, hat dies treffend mit den Worten ausgesprochen: „Ein Bischof soll und kann nicht leben wie ein Kartäuser und Eheleute nicht wie Kapuziner. Handwerker nicht wie beschauliche Ordensleute, die den halben Tag und die halbe Nacht im Gebet sind. Es wäre eine törichte und lächerliche Frömmigkeit – jedes nach seiner Art." Und er fügte hinzu: „Die wahre Frömmigkeit zerstört nicht, sondern sie veredelt und verschönert."

In dieser persönlichen Beziehung Gottes zu uns Menschen liegt der tiefste Grund, dass es genauso viele Frömmigkeitsstile und Weisen des Heiligwerdens gibt, wie es Lebensstände und Berufe gibt. Allen gemeinsam ist aber die Orientierung an den Seligpreisungen Jesu. Sie helfen uns, unser Leben immer mehr Christus anzugleichen. Denn in ihnen scheint das Geheimnis Jesu Christi selbst auf. Die Seligpreisungen sind, wie Papst Benedikt XVI. sehr schön gesagt hat, „wie eine verhüllte innere Biographie Jesu, wie ein Porträt seiner Gestalt".[26] Die Seligpreisungen drücken deshalb auch aus, was christliches Bemühen um Heiligkeit bedeutet. So sind sie Wegweisungen für die Nachfolge Jesu, von denen sich jeder gemäß seiner eigenen Berufung berühren lassen darf.

Das Hochfest von Allerheiligen spricht uns die Verheißung zu, dass die neue Vision von Welt und Mensch, die in den Seligpreisungen Jesu durchscheint, in der Gemeinschaft aller Heiligen bereits in Erfüllung gegangen ist, weil Gott in ihrem Leben endgültig angekommen ist. Auch für uns ist Gott lebendig in seinen Heiligen. Denn wenn er sich uns Menschen zuwendet, kommt er nicht allein, sondern in der Gemeinschaft der Heiligen.

Von dieser vollendeten Gemeinschaft der Heiligen, die vom urchristlichen Propheten Johannes eindrücklich beschrieben wird, dürfen wir uns getragen wissen und Kraft schöpfen für unser eigenes Bemühen um die Verwirklichung der Heiligkeit: in unserem persönlichen Leben, in der Glaubensgemeinschaft der Kirche und in der gesellschaftlichen Öffentlichkeit. Denn wer glaubt, ist nie allein, weil Gott selbst lebendig ist in seinen Heiligen: in den Heiligen, die – wie Schwester Maria Bernarda Bütler – bereits zur Ehre der Altäre erhoben sind, und in den Heiligen, die wir als Getaufte sein dürfen.

20. Christus nicht von seiner Kirche trennen

„Ein Christ ist kein Christ." Mit diesem kurzen und prägnanten Satz hat bereits am Beginn des 3. Jahrhunderts der afrikanische Kirchenschriftsteller Tertullian zum Ausdruck gebracht, dass man nicht allein, sondern nur in der Gemeinschaft der Kirche Christ sein kann. Diese Aussage versteht sich heute keineswegs mehr von selbst, zumal in einer gesellschaftlichen Atmosphäre wie der heutigen, die von einem starken Individualisierungsschub und einer Konzentration auf den einzelnen Menschen und seine Selbstbestimmung geprägt ist. Man kann dabei zunehmend den Eindruck gewinnen, dass jeder Mensch eine Insel des eigenen Fühlens und Denkens zu werden droht und dass diese Inseln manchmal nur noch wenig Verbindung miteinander und mit dem Festland haben. Diese Mentalität wirkt sich auch in der Kirche aus und artikuliert sich vor allem in einem Slogan, der seit einigen Jahrzehnten Mode geworden ist und besagt: „Jesus ja – Kirche nein".

20.1 Gottes Ruf in die Kirche

Dieser Slogan steht freilich quer zur biblischen Botschaft, wie sie uns in den heutigen Verkündigungstexten vor Augen tritt: In der alttestamentlichen Lesung aus dem Buch Genesis steht der Bund im Vordergrund, den nach der Sintflut Gott mit Noah und seinen Söhnen schließt, der aber letztlich auf die ganze Menschheit zielt. Dies wird vor allem im Bundeszeichen des Regenbogens deutlich, der für alle Menschen sichtbar ist und von dem Gott ausdrücklich sagt, er solle das Bundeszeichen „zwischen mir und der Erde", „zwischen mir und allen Lebewesen, allen Wesen aus Fleisch" sein (Gen 9,13 und 15). In der ganzen alttestamentlichen Heilsgeschichte zielt Gottes Ruf auf sein Volk und auf einzelne Menschen nur insofern, als sie zu einem besonderen Dienst in und an diesem Volk berufen werden.

Diese universale Linie setzt sich auch im Wirken Jesu fort, der seine Botschaft in zwei kurzen Sätzen zusammenfasst: „Die Zeit ist erfüllt, das Reich Gottes ist nahe. Kehrt um, und glaubt an das Evangelium" (Mk 1,15). Zum Kommen des Reiches Gottes in unserer Welt gehört bereits gemäß der jüdischen Überzeugung die Sammlung und Reinigung der Menschen für das Reich Gottes; und das inständige Gebet um diese Sammlung zum Reich Gottes war ein zentraler Inhalt des Betens des Volkes Gottes in der frühjüdischen Zeit. Von daher sieht sich Jesus in der Zeit der Erfüllung dieses Betens und stellt sein ganzes Leben in den Dienst der Sammlung des endzeitlichen Gottesvolkes.

Die Versammlung des neuen Gottesvolkes ist die Kirche. Jesus Christus als der Verkünder des Reiches Gottes und Kirche als Sammlung für das Reich Gottes gehören unlösbar zusammen. Zwischen Christus und der Kirche kann es keinen Widerspruch geben, und zwar trotz der vielen Sünden der Menschen, die die Kirche bilden. Der Slogan „Jesus ja – Kirche nein" ist deshalb mit der Intention Jesu nicht zu vereinbaren und deshalb nicht biblisch, wie Papst Benedikt XVI. eindringlich betont hat: „Dieser individualistisch ausgesuchte Jesus ist ein Phantasie-Jesus. Wir können nicht Jesus ohne die Wirklichkeit haben, die er geschaffen hat und in der er sich mitteilt. Zwischen dem fleischgewordenen Sohn Gottes und seiner Kirche gibt es eine tiefe, untrennbare und geheimnisvolle Kontinuität, kraft derer Christus heute in seinem Volk gegenwärtig ist."[27]

In Treue zur Intention des Wirkens Jesu und im Anschluss an die jüdische Synagoge hat sich die werdende Kirche als *ekklesia* verstanden, was genau übersetzt die „Herausgerufene" heißt. Die werdende Kirche hat dabei Maß genommen an den Volksversammlungen Israels, als deren Urbild die Sinaiversammlung galt. Von daher betrachtete sich die werdende Kirche als die von Gott zusammengerufene Versammlung, die vor allem zusammen kommt, um das Wort Gottes zu hören und Eucharistie zu feiern. Das Wort *ekklesia* weist zentral auf den christlichen Kult und damit auf jene Versammlung hin, die sich von Christus zur gottesdienstlichen Gemeinschaft zusammenrufen lässt, und macht so sichtbar, dass Kirche im Kern Gottesdienstgemeinschaft ist.

20.2 Kirche als Lebensraum der Getauften

Die enge Zusammengehörigkeit von Christus und Kirche wird uns in der Heiligen Schrift mit verschiedenen Bildern nahe gebracht. Paulus verwendet vor allem das Bild vom Leib Christi, der viele Glieder hat und dessen Haupt Christus ist. Noch intimer ist das Bild vom Weinstock, das Johannes verwendet und damit die Getauften als Reben bezeichnet, die nur in der Verbindung mit dem Weinstock Frucht bringen können. Ebenso tief ist das Bild vom Tempel des Heiligen Geistes, in dem Gottes Geist selbst wohnen will und von dem der heilige Augustinus sagt: „Willst auch du vom Geist Christi leben? So sei im Leib Christi."

Diese sprechenden Bilder weisen darauf hin, dass die Kirche nicht einfach eine Organisation wie andere gesellschaftlichen Institutionen ist, dass sie vielmehr ein lebendiger Organismus ist, in dem die Getauften voneinander und füreinander und alle gemeinsam von Dem leben, Der für uns gelebt und gelitten hat und uns durch Seinen Geist an sich zieht und zur Gemeinschaft der Kirche zusammenführt. Die Kirche ist deshalb der Lebensraum, der den Glaubensentscheidungen der Einzelnen bereits vorausliegt und in den sie eintreten.

Dies wird vor allem sichtbar in der Taufe. Denn niemand kann sich selbst taufen und zum Christen machen. In der Taufe wird der einzelne Mensch vielmehr in die Kirche aufgenommen, die aus vielen Völkern besteht und uns im Zeichen des Wassers eine erfreuliche Verheißung zuspricht. In allen großen Religionen ist das Wasser Symbol für Leben, Fruchtbarkeit und Mutterschaft. In der christlichen Kirche steht dabei das Wasser für den Mutterschoß der Kirche, weshalb Tertullian das erstaunliche Wort sagen konnte: „Christus ist nie ohne Wasser." Er wollte damit die christliche Überzeugung ausdrücken, dass Christus nie ohne die Kirche, die Mutter der Glaubenden ist. Denn wenn wir in der Taufe als Töchter und Söhne Gottes adoptiert werden, dann werden wir zugleich in die neue Familie Gottes aufgenommen, die in der Kirche Gestalt angenommen hat.

Von der Taufe her wird uns neu bewusst, dass unser Christsein nicht nur eine individuelle Wirklichkeit und subjektive Entscheidung des Einzelnen ist, sondern auch etwas sehr konkret Gemeinschaftliches, nämlich das Leben in der Familie der Kirche. Die Taufe bedeutet nicht nur den Übertritt eines Menschen zum christlichen Glauben, sondern auch seinen Eintritt in die Glaubensgemeinschaft der Kirche. Die Grundberufung des Christen und der Christin besteht aufgrund von Taufe und Firmung darin, Glieder des Leibes Christi zu werden und als solche zu leben.

20.3 Das „Wir" des Glaubens und Betens

Die Gemeinschaft der Kirche ist dem Einzelnen vorgegeben, und unser Glauben ist immer Mit-Glauben mit der Kirche. Dies lässt sich an zwei weiteren grundlegenden Sachverhalten im kirchlichen Leben verdeutlichen. Ohne die Kirche gäbe es erstens die Bibel nicht. Ohne die Kirche wäre sie einfach eine geschichtliche Literatursammlung von verschiedenen Schriften. Aus ihr ist die Bibel als „ein" Buch erst und nur durch das in der Geschichte wandernde Volk Gottes geworden, das die Heilige Schrift als Einheit hört oder liest. Wenn die Bibel in diesem grundlegenden Sinn ein Buch der Kirche ist, versteht es sich auch von selbst, dass der privilegierte Ort, an dem wir das Wort Gottes gemeinsam hören, die Liturgie der Kirche ist.

In dieselbe Richtung zielt zweitens auch das Gebet, das uns Jesus hinterlassen hat. Bereits der Umstand, dass die Jünger Jesu auf ihn zukommen und von ihm ein Gebet erbitten, deutet auf Gemeinschaft hin. Denn bei den religiösen Gruppierungen in der Umwelt Jesu war die eigene Gebetsordnung ein wesentliches Kennzeichen ihrer Gemeinschaft. Aber auch am Inhalt des Vaterunser wird deutlich, dass es sich um ein gemeinsames Gebet der neuen Familie Jesu handelt. Denn „Vater" kann nur sagen, wer auch „unser" sagen kann.

In den vergangenen Jahrzehnten ist viel darüber nachgedacht werden, was das Vater-Sein Gottes bedeutet. Heute jedoch ist es notwendig, uns auf das „Wir" des Herrengebetes zu besinnen, wie dies Jean Calvin, der Reformator von Genf, dessen 500. Geburtstag wir 2009 begangen haben, getan hat: „Der Christenmensch muss seine Gebete nach der Regel richten, dass sie auf die Gemeinschaft bezogen sind und alle umfassen, die in Christus seine Brüder sind. Damit schließt er nicht nur ein, die er gegenwärtig als seine Brüder um sich sieht, sondern alle Menschen, die auf der Erde leben."

20.4 Christus-Sonne und Mond-Kirche

In diesem stellvertretenden Gebet für alle Menschen nimmt die Kirche das gemeinsame Priestertum aller Getauften wahr. Und nur solches universales Beten kann verhindern, dass die notwendige Rückbesinnung auf die Kirche als Lebensraum des Christseins nicht zu einem Kreisen der Kirche um sich selbst führt, wie wir dies heute teilweise erleben. Denn eine Kirche, die sich vorwiegend selbst anschaut, wird glanzlos oder, wie es ein chinesisches Sprichwort sagt: „Wer auf sich selbst sieht, leuchtet nicht."

Die Kirche ist aber dazu da, dass sie leuchtet, freilich nicht ihr eigenes Licht ausstrahlt, sondern jenes Licht reflektiert, das Christus selbst ist. Es muss bleibend zu denken geben, dass die

Dogmatische Konstitution des Zweiten Vatikanischen Konzils über die Kirche mit dem Satz beginnt: „Christus ist das Licht der Völker." Das erste Wort in der neuen Familie der Kirche heißt nicht Kirche, sondern Christus. Nur weil Christus das Licht der Welt ist, gibt es auch den Spiegel dieses Lichts, nämlich die Kirche, die sein Leuchten weitergibt.

Die Kirche darf nicht sich selbst sonnen wollen, sondern muss sich damit zufrieden geben, Mond zu sein, und auf Christus als die wahre Sonne hinzuweisen. Wie der Mond sein ganzes Licht von der Sonne empfängt, um es in die Nacht hineinstrahlen zu lassen, so hat auch die Kirche kein eigenes, sondern nur das von Christus herkünftige Licht, und besteht ihre Sendung darin, das Licht der Christussonne in die Weltnacht der Menschen hinein zu strahlen und den Menschen erleuchtende Hoffnung zu schenken.

In diesem Licht Jesu Christi können wir auch mit den menschlichen Schwächen der Kirche, freilich auch mit den eigenen Fehlern, unbefangener umgehen, wie dies der große Humanist Erasmus von Rotterdam mit den Worten ausgesprochen hat: „Ich ertrage diese Kirche, bis ich eine bessere sehe; und sie ist gezwungen, mich zu ertragen, bis ich besser werde." Nur wenn wir beides beherzigen, leben wir ehrlich in der Kirche und können wir uns auch für die positive Seite des zu Beginn zitierten Satzes von Tertullian, dass ein Christ kein Christ ist, öffnen, und diese heißt: Ein Christ ist nie allein, weil er in der Gemeinschaft der Kirche als Leib Christi und vor allem in der Verbundenheit mit Christus selbst leben darf.

21. Gott in der Mitte Raum geben

Am Beginn der Österlichen Bußzeit werden wir – wie jedes Jahr – im Evangelium mit den Versuchungen Jesu konfrontiert. Beim Evangelisten Lukas (4,1–13) schließt dieser Abschnitt an denjenigen über die Taufe Jesu an, und er bringt damit die

Konsequenzen der Menschwerdung des Sohnes Gottes zum Ausdruck: Wie sich Jesus bereits in der Taufe in die Schar der Sünder eingereiht und in Solidarität mit ihnen die Johannestaufe der Umkehr empfangen hat, so zeigt die Geschichte der Versuchungen Jesu, dass er so radikal Mensch geworden ist, dass er auch das ganze Drama des menschlichen Lebens am eigenen Leib erfahren hat. Denn in seinen Versuchungen wird sichtbar, dass Jesus ganz in die Gemeinschaft mit uns bis in die Tiefe unserer eigenen Not hinein getaucht ist.

21.1 Leben, als ob es Gott nicht gäbe

Aufschlussreich ist aber, wie Jesus auf die dreifache Versuchung des Teufels reagiert. Jedes Mal beruft er sich auf die Heilige Schrift und gibt dem Teufel zu verstehen, dass jener Ort, den der Teufel für sich beansprucht und den er in werbetechnisch gekonnter Weise Jesus anträgt, allein Gott gehört, nämlich die Mitte des menschlichen Lebens und der ganzen Schöpfung. Besonders sichtbar wird dies in der zweiten Versuchung, in der der Teufel Jesus auffordert, sich vor ihm niederzuwerfen und ihn anzubeten, und ihm verspricht, ihm alle Macht und Herrlichkeit der Weltreiche zu geben. Wie verlockend dieses Angebot auch ist, Jesus verzichtet in souveräner Weise darauf und weist den Teufel mit seinem Ansinnen zurück: „In der Schrift steht: Vor dem Herrn, deinem Gott, sollst du dich niederwerfen und ihm allein dienen" (Lk 4,8).

In dieser Versuchung wird die Sendung Jesu auf die Probe gestellt, der in unsere Welt gekommen ist, um uns Gott zu bringen, und zwar in der Überzeugung, dass nur derjenige dem Menschen genug gibt, der ihm Gott bringt. Jesus bleibt seiner Sendung treu, er widersteht der verlockenden Versuchung des Teufels und macht sich stark für den Primat Gottes, den er in die Mitte seiner ganzen Verkündigung stellt. Denn die Sendung Jesu hat kein anderes Ziel, als uns Menschen Gott nahe zu bringen und uns in die Gemeinschaft mit ihm hinein zu sammeln.

Im Licht des Verhaltens Jesu tritt erst recht vor Augen, worin die eigentliche Versuchung besteht, nämlich im Beiseiteschieben Gottes aus der Mitte unseres Lebens gleichsam an die Randzonen, in seiner Relativierung angesichts unserer menschlichen Vordringlichkeiten und in einem Leben, als ob es Gott nicht gäbe. Gewiss, wir Christen heute leugnen Gott nicht und wir lehnen ihn nicht ab, wir sind keine Atheisten. Doch das Evangelium stellt uns vor die Frage, ob wir wirklich mit Gott leben und mit ihm in unseren alltäglichen Geschäften rechnen oder ob wir nicht doch die Rechnung unseres Lebens weithin ohne den eigentlichen Wirt machen.

Dies scheint mir die Grundfrage zu sein, die uns nicht nur die Österliche Bußzeit stellt, in der wir uns des Fundamentes unseres Christseins neu vergewissern. Diese Frage drängt sich uns vielmehr auch auf angesichts der schwierig gewordenen pastoralen Situation von heute. Wir befinden uns in der Zeit eines großen Umbruchs, die immer auch mit Ungewissheit und neuen Fragen verbunden ist. In solchen Zeiten legt es sich nahe, sich auf das Elementarste neu zu besinnen und gleichsam nach der Notration zu fragen, mit der wir auf jeden Fall leben können. Das Evangelium von Jesu Versuchungen legt uns als Antwort nahe, dass Christsein in seinem innersten Kern das Leben einer persönlichen Gottesbeziehung ist und dass alles andere daraus folgt.

21.2 Die Kirche als Fenster auf Gott hin

Dass alles Andere daraus folgt, tritt anschaulich vor unsere Augen in der alttestamentlichen Lesung (Dtn 26,4–10), in der wir das tiefe Glaubensbekenntnis des Volkes Israel hören. Dieses Volk hat erfahren, dass es von Gott begleitet worden ist in seiner Heimat- und Trostlosigkeit in Ägypten, im seinem tiefen Notschrei und in seiner Herausführung aus der Sklaverei in das Land, „in dem Milch und Honig fließen". Aufgrund dieser hilfreichen Begleitung Gottes hat Israel auch die elementare Erfahrung gemacht, dass es sich nicht selbst zum Volk Gottes erklärt hat und dies auch nie tun kann, dass es vielmehr von Gott dazu gemacht worden ist. Nur wenn es von Gott her lebt und ihm in seiner Mitte Raum gibt, ist es Volk Gottes. Es ist entweder Volk *Gottes* oder kein Volk.

Diese Glaubensbotschaft Israels hat das Zweite Vatikanische Konzil aufgenommen, wenn es nun die Kirche Jesu Christi als das Volk Gottes auf der irdischen Wanderschaft unterwegs zur Vollendung im Reiche Gottes bezeichnet hat. Wie Israel ist auch die Kirche Volk Gottes nur von Gott her; ohne Gott würde sie wieder zum Nicht-Volk. In der Dogmatischen Konstitution über die Kirche findet sich deshalb das Kapitel über das Volk Gottes bewusst erst an zweiter Stelle. Ihm voraus geht das erste Kapitel über das Geheimnis der Kirche in Gottes Heilsratschluss. Dieses Kapitel ist nicht, wie es heute vielfach missverstanden wird, einfach ein hochtheologischer und frommer Vorspann vor dem, worauf es dann wirklich ankäme, dass Kirche Volk Gottes ist. Die Rede von der Kirche als Geheimnis bildet vielmehr den Notenschlüssel für all das, was über die Kirche gesagt wird.

Mit diesem Primat des Geheimnisses Gottes hat das Konzil in Erinnerung gerufen, dass der Aufbau und das Leben der Kirche in erster Linie – und damit vor allen gewiss auch notwendigen Strukturreformen – eine geistliche Aufgabe ist, nämlich Kirche so zu leben, dass Gott in ihrer Mitte ist und dass die Kirche nicht nur das Wort Gottes verkündet, sondern selbst ein Ort ist, wo Gott wohnt. Im Volk Gottes ist deshalb nicht – wie in einem weltlichen Volk – das Volk selbst der Souverän. Schöpfer und Souverän dieses Volkes ist vielmehr Christus, der es mit seinem Heiligen Geist begleitet. Kirche ist dazu da, dass sie ein Fenster auf Gott hin ist und Gott gesehen werden kann. Kirche gibt es – im wörtlichen Sinn – „um Gottes willen"; in Gott ist sie dann auch in rechter Weise für die Menschen da.

Im Mittelpunkt des Zweiten Vatikanischen Konzils steht die Frage nach Gott und erst von daher die Frage nach der Kirche und ihrer Sendung in der Welt. Das Konzil war sich dessen bewusst, dass in der heutigen Gesellschaft vor allem die Gottesfrage energisch an die Kirchentüre klopft, und es hat uns deshalb auf das Fundament des Christseins und Kircheseins zurückgeführt. Denn das Elementarste des Glaubens und der Kirche ist die Suche nach Gott. Und der elementarste Zugang zu ihr besteht in jenem Rat, den bereits der große französische Philosoph Blaise Pascal seinem ungläubigen Freund gegeben hat, er solle so leben und sein Leben so gestalten, als ob es Gott gibt.

21.3 Menschen in eine persönliche Gottesbeziehung einführen

Diesen Rat dürfen wir auch den Menschen heute geben; ja wir müssen ihn geben. Menschen in ihrem Fragen und Suchen nach Gott hilfreich zu begleiten, dazu sind wir in unserem Glauben berufen und verpflichtet. Als Christen glauben wir an Gott, den „Schöpfer des Himmels und der Erde", und bringen damit unsere Überzeugung zum Ausdruck, dass Gott alle Menschen angeht, dass er nicht nur Gott der Christen, sondern Gott aller Menschen ist und dass folglich das Evangelium nicht nur für einen bestimmten Kreis bestimmt ist, sondern für alle Menschen. Wir können und dürfen das Evangelium nicht selbstgenügsam für uns behalten. Denn Selbstgenügsamkeit verfehlt nicht etwas am Glauben, sondern letztlich den Glauben selbst. Es ist heute vielmehr eine neue Evangelisierung notwendig.

Dies hört sich zunächst wie ein großes Wort und ein anstrengendes Programm an. Es ist aber im Grunde etwas ganz Einfaches gemeint. Neue Evangelisierung geht davon aus, dass wir in unserem Umkreis Menschen kennen, die nicht an Gott glauben oder denen Gott unbekannt ist und doch im Grunde ihres Herzens nach Gott fragen. Wenn wir mit ihnen das Gespräch suchen und sie dabei unterstützen, dass sie die Frage nach Gott nicht weglegen, sondern ihre Suche nach Gott wach halten und die Sehnsucht nach einer letzten Geborgenheit annehmen, die sich in ihrem Fragen und Suchen anmeldet, dann befinden wir uns bereits auf dem Weg der Evangelisierung.

Wenn wir auf diese Weise mit den Menschen ins Gespräch kommen, erhalten sie gewiss nicht den Eindruck, sie würden von uns als Objekt unserer Mission behandelt und wir würden ihre Freiheit angreifen, die sie mit Recht hochschätzen. Denn die Weitergabe des Glaubens kann nur in Freiheit geschehen, wie Papst Benedikt XVI. immer wieder hervorhebt: „Wir drängen unseren Glauben niemandem auf: Diese Art von Proselytismus ist dem Christlichen zuwider. Der Glaube kann nur in Freiheit geschehen. Aber die Freiheit der Menschen, die rufen wir an, sich für Gott aufzutun; ihn zu suchen; ihm Gehör zu schenken."[28]

Solche Offenheit wird von uns erwartet auch in der Begegnung mit Menschen, denen die Religion fremd ist, die aber dennoch von den Grundfragen des menschlichen Lebens bewegt sind: Woher komme ich? Wer bin ich? Wohin gehe ich? Auch sie wollen wir als unsere Gesprächspartner annehmen, und, wenn wir unseren Glauben ernst nehmen, müssen wir es sogar. Bereits vom Tempel in Jerusalem sagt Jesus, indem er sich auf eine prophetische Verheißung bezieht (vgl. Jes 56,7), dass er ein „Haus des Gebetes für alle Menschen" sein soll (Mk 11,17). Damit scheint auch das eigentliche Motiv Jesu für seine Tempelreinigung auf: Ihr habt aus dem Gebetsort für alle Völker eine „Räuberhöhle" gemacht. Jesus räumt den Vorhof des Tempels, der für die Heiden bestimmt ist, von den äußeren Geschäftigkeiten, damit er freier Raum sein kann für die Völker, die kommen, um zu dem einen Gott zu beten, auch wenn sie dem eigentlichen Geheimnis noch nicht angehören, das im Inneren des Tempels verehrt wird.

Wenn wir bei diesem Bild bleiben, müssten wir heute auch als Kirche gleichsam einen „Vorhof der Heiden" öffnen, damit alle, die wollen, kommen können, um Gott zu suchen und zu finden. Als katholische Kirche können wir gar nicht anders, weil sie noch mehr als der Tempel von Gott als „Haus des Gebetes für alle Menschen" jenseits von Rassen, Klassen und Nationen berufen ist. Dann kann sich neue Evangelisierung ereignen, und dann bleiben wir auch von der Versuchung verschont, in Ungeduld sofort nach respektablem Erfolg zu schielen und nach großen Zahlen Ausschau zu halten.

21.4 Sich an Gottes Evangelisierung orientieren

Solche Verwechslung der Seel-Sorge mit der Zähl-Sorge ist nicht die Methode Gottes in seinem Umgang mit uns Menschen. Gottes Methode hat uns Jesus vielmehr nahegebracht mit dem Gleichnis des Senfkorns, aus dem ein großer Baum heranwächst. Aus dem Senfkorn des Lebens Jesu ist in den vergangenen zweitausend Jahren ein riesiger Baum entstanden. Wir alle machen uns Sorgen um ihn, dass er immer älter wird und immer mehr Zweige verliert. Ist dies nicht Grund zur Hoffnungslosigkeit? Nein, sagt uns Jesus auch heute mit dem Gleichnis vom Senfkorn, auf dem ohnehin der Akzent liegt, und nicht auf dem Baum. Die Kirche ist nicht am Anfang Senfkorn und dann ein immer größerer Baum. Kirche ist vielmehr immer Baum und Senfkorn zugleich. Vielleicht wird sie heute wieder mehr Senfkorn, damit wir wieder neu lernen, dass Gott das Große immer aus dem Kleinen heraus entstehen lässt.

Heute ist nicht so sehr Zeit der Ernte, sondern Zeit der Aussaat und damit Zeit einer neuen Evangelisierung, die im Kern ganz einfach ist: Menschen zu Gott hinführen und sie einführen in eine persönliche Gottesbeziehung. Allein mit Worten wird dies freilich nicht gelingen, es braucht vielmehr eine Gemeinschaft des Lebens und einen Lebensraum, in dessen Mitte Gott Raum gegeben wird. Evangelisierung setzt voraus, dass wir uns als Kirche wiederum auf unsere eigentliche Mitte zurück besinnen: auf das Geheimnis Gottes, in dem auch das Geheimnis des Menschen eingeborgen ist.

22. Stimme für das Wort Gottes sein

Mit dem Zweiten Sonntag im Jahreskreis treten wir nach der Weihnachtszeit wiederum in das allgemeine Kirchenjahr ein. Die Brücke in diese neue Zeit hinein bildet das Fest der Taufe des Herrn, das uns zugleich an unsere eigene Taufe erinnert. Sie ist das Fundament des christlichen und kirchlichen Lebens. Mit ihr hat das neue Leben begonnen, das uns Christus schenkt, das in der Lebensgemeinschaft mit Gott besteht und jenes Friedenslicht auch im Alltag aufstrahlen lässt, das wir an Weihnachten gefeiert haben. Es ist ein schönes Zusammentreffen, dass zum gleichen Zeitpunkt im Bistum Basel nach meiner Berufung nach Rom mit der Bischofsweihe meines Nachfolgers eine neue Wegstrecke beginnt. Die biblischen Verkündigungstexte an diesem Sonntag können uns dabei helfen zu verstehen, was ein Bischof ist.

22.1 Johannes der Täufer als Vorbild des Bischofs

Im Evangelium (Joh 1,29–34) haben wir das Zeugnis Johannes' des Täufers für Jesus gehört. Wenn wir gleich nach der Weihnachtszeit mit dem Täufer als der adventlichen Gestalt schlechthin konfrontiert werden, wird uns vor Augen geführt, dass wir auch nach Weihnachten nie über den Advent hinauskommen, sondern immer wieder auf ihn zurückkommen müssen. Denn die Kirche lebt nicht nur in den vier Wochen vor Weihnachten, sondern sie lebt immer im Advent. Die Kirche ist eine durch und durch adventliche Glaubensgemeinschaft, die keine andere Aufgabe hat als die, mit ihrem Wort und mit ihrem Leben auf Christus hinzuweisen, der im Kommen ist. Er geht uns immer voraus, und wir können ihm nur nachfolgen.

Dies gilt in besonderer Weise vom Dienst des Bischofs. Ihn hat der heilige Augustinus in der Gestalt des Täufers vorgebildet gesehen. Johannes wird im Neuen Testament als „Stimme" bezeichnet, währenddem Christus „Wort" genannt wird. Die menschliche Stimme hat vor allem den Sinn, das Wort zu den Menschen zu tragen; danach kann und muss sie wieder zurücktreten, damit das Wort im Mittelpunkt bleibt. Genauso besteht die vornehmliche Aufgabe des Bischofs darin, sinnlich-lebendige Stimme für das vorgängige Wort zu sein und dafür zu sorgen, dass das Wort, Christus, immer den Vorrang vor den menschlichen Stimmen hat. Die Verantwortung des Bischofs ist in erster Linie Dienst am Glauben und dafür, dass er treu weitergegeben wird. Der Bischof ist deshalb nicht einfach ein Manager von eigenen Gnaden und auch nicht einfach ein Moderator der vielfältigen Stimmen in der Kirche, sondern er ist Beauftragter eines Anderen, des Wortes, das Jesus Christus selbst ist. Der Bischof spricht und handelt nicht im eigenen Namen, sondern er ist Treu-Händer, der nicht fremdes Gut für sich beansprucht, sondern dafür sorgt, dass das Gut Jesu Christi bewahrt bleibt.

22.2 Im Dienst des Lammes

Worin besteht dieses Gut, und für welches Wort ist der Bischof Stimme? Die entscheidende Antwort gibt uns wieder Johannes der Täufer, der auf Jesus hinweist: „Seht, das Lamm Gottes, das die Sünde der Welt hinwegnimmt" (Joh 1,29). Die Bezeichnung Christi als Lamm mag beim ersten Zuhören harmlos und etwas romantisch klingen. Sie erhält dann aber ihre ganze Brisanz, wenn wir bedenken, dass Christus als Lamm und nicht als Löwe oder Wolf in unsere Welt gekommen ist. So hätten ihn die Menschen zwar gerne erwartet, und so hoffen vielleicht auch wir heute oft, dass er mit der Kraft eines Löwen die Welt und ihre Strukturen aus den Angeln hebt und eine neue schafft. Doch Christus ist nicht als Löwe gekommen, unter dessen Bild sich die Könige unserer Welt immer wieder dargestellt haben, um damit ihre Macht und Herrschaft demonstrativ zu feiern. Jesus ist auch nicht als Wölfin gekommen, unter deren Bild sich das antike Rom zur Schau gestellt hat, um sich mit seiner Ordnungsmacht als Erlöserin der Welt darzubieten. Johannes der Täufer führt uns vielmehr vor Augen, dass die Erlösung nicht durch die großen und mächtigen Tiere kommt, dass Christus vielmehr als Lamm zu uns Menschen kommt und damit in der Kraft seiner wehrlosen Liebe, die die konkrete Wirkweise seiner Macht ist.

In dieser wehrlosen Gestalt liegt es begründet, dass Erlösung in unserer Welt immer nur als angefochtene gegenwärtig ist. Denn Christus, der als Lamm gekommen ist, können auch heute jene nicht ertragen, die ihn als Löwe oder als Wolf erwarten. Und ihn schätzen jene nicht, die selbst Löwen und Wölfe sind. Sie sehen in ihm nicht die Erlösung, sondern sie stürzen sich auf das Lamm und zerreißen es. Zum Geheimnis Jesu gehört deshalb immer auch das Kreuz. Lammsein und Kreuz sind unlösbar miteinander verbunden. Christus ist gerade darin der Gute Hirt seines Volkes, dass er selbst Lamm wird und sich auf die Seite der geschundenen Lämmer stellt: Das ist die Erlösung der Welt.

Wenn die christliche Tradition auch den Bischof als Hirten bezeichnet und ihm einen Hirtenstab in die Hand gibt, dann ist damit die ernste Verpflichtung verbunden, dass er mit seinem Leben und Wirken den Guten Hirten, der Lamm geworden ist, bezeugt und die wehrlose Macht der Erlösung zu den Menschen trägt. Und umgekehrt ist auch von den Gläubigen zu erwarten, dass sie im Bischof den Hirten wahrnehmen und sich auch ihm gegenüber nicht wie Löwen oder Wölfe benehmen. Denn die Gläubigen und der Bischof stehen in demselben Dienst, auf den uns Paulus in der Lesung hinweist. Er adressiert seinen Brief an „die Kirche Gottes, die in Korinth ist – an die Geheiligten in Christus Jesus, berufen als Heilige mit allen, die den Namen Jesu Christi, unseres Herrn, überall anrufen, bei ihnen und bei uns" (1 Kor 1,2).

22.3 Dienst der Heiligung des Volkes Gottes

Paulus macht mit dieser Grußadresse auf unsere gemeinsame Berufung aufmerksam, die in unserer Taufe begründet ist. Wir alle sind zur Heiligkeit berufen und dazu eingeladen, einander zu helfen, heilig zu werden. Diese Berufung hat uns nicht nur das Zweite Vatikanische Konzil in Erinnerung gerufen, das ihr das ganze fünfte Kapitel der Kirchenkonstitution gewidmet hat. Sie ist vielmehr das zentrale Anliegen Jesu, das er in seinem Abschiedsgebet zum Ausdruck gebracht hat: „Ich heilige mich für sie, damit auch sie in der Wahrheit geheiligt sind" (Joh 17,19). Im Gebet Jesu wird deutlich, was dieses für moderne Ohren etwas seltsam klingende und doch abgründige Wort bedeutet. Heilig ist in erster Linie Gott; denn er ist das reine Licht, er ist die Wahrheit; er ist gut und schön ohne jeden Makel. Von daher heißt jemanden heiligen, ihn Gott zuweisen, ihm Anteil geben am Leben Gottes. Heilig sein heißt in der Gegenwart Gottes leben und in seinem Licht das Leben gestalten.

Gott zu den Menschen tragen und die Menschen in Kontakt mit Gott bringen: Dies ist der Auftrag der Kirche, gleichsam ihr „Kerngeschäft". Kirche muss ein Fenster sein, durch das hindurch der Blick auf Gott geöffnet wird. Da die Kirche diese Aufgabe nur wahrnehmen kann, wenn sie sich selbst heiligt, versteht es sich von selbst, dass ein wesentlicher Dienst des Bischofs im Dienst der Heiligung besteht, den er im Gottesdienst der Kirche und in der Feier der Sakramente wahrnimmt. Als erster Liturge des Bistums trägt er seine Verantwortung, dass die Kirche immer mehr eine Gemeinschaft der Heiligen werden kann, und zwar in einer reichen Vielfalt.

Heilige Menschen sind gerade nicht Kopien eines feststehenden und eintönigen Originals. Sie sind vielmehr selbst Originale, die den christlichen Glauben mit ihrer ganzen Persönlichkeit gelebt und dem Evangelium ein individuelles Gesicht gegeben haben. Die Gemeinschaft der Heiligen gleicht einem botanischen Garten, in dem sich die grenzenlose Phantasie des Schöpfergeistes spiegelt. Gottes Liebe zu den Menschen zeigt sich auch in einer wunderbaren Vielzahl von heiligen Menschen: Frauen und Männern jeden Alters und jeder sozialen Herkunft und jeder Sprache, aus allen Völkern, Nationen und Kulturen. Für diese Gemeinschaft der Heiligen muss der Bischof als Anwalt einstehen und damit vorleben, dass die Kirche mehr ist als die Kirche der Gegenwart, dass vielmehr auch die vergangenen Generationen mit zur Kirche gehören. Und wie der Bischof den Blick öffnet für die Kirche aller Zeiten, so muss er auch den Horizont weiten für die Kirche an allen Orten und sich als Bindeglied zwischen seiner Ortskirche und der Kirche auf der ganzen Welt bewähren.

22.4 Der bischöfliche Dienst ist Beziehung

Auch darauf weist Paulus in seinem Grußwort an die Korinther hin, indem er sich zusammen mit dem „Bruder Sosthenes" vorstellt (1 Kor 1,1). Gerade Paulus, der einen ausgeprägten Charakter gehabt hat, hat sich nicht als Einzelkämpfer verstanden, sondern hat sich bei der Verwirklichung seiner Mission auf Mitarbeitende gestützt. Dass diese kollegiale Dimension wesentlich zum Bischofsamt gehört, hat das Zweite Vatikanische Konzil wieder neu bewusst gemacht. Wie wir Schweizer von einem Bürger, der Bundesrat wird, mit Recht erwarten, dass er sich kollegial verhalten wird, so kann erst recht ein Bischof nur Vorsteher einer Ortskirche sein, wenn er zugleich Mitglied des weltweiten Bischofskollegiums in Einheit mit dem Papst ist. Denn in dieses Kollegium kann ihn nur der Papst aufnehmen, selbst dann, wenn er von der Ortskirche gewählt worden ist. Wer Bischof im Geist des Konzils ist, der weiß, dass diese universalkirchliche Verantwortung wesentlich zu seinem Dienst gehört.

Kollegialität will freilich auch in der Ortskirche gelebt sein, zunächst in der Zusammenarbeit des Bischofs mit seinen Priestern und allen Seelsorgenden, die in seinem Auftrag wirken. Sie muss sich aber auch ausdehnen auf alle Glaubenden, zu deren Bischof er geweiht ist. Diese Verbundenheit hat der heilige Augustinus in der Predigt zu seiner eigenen Bischofsweihe mit dem kurzen Wort ausgedrückt: *„Für euch* bin ich Bischof, *mit euch* bin ich Christ". Beides gehört unlösbar zusammen: Für sich allein gesehen ist jeder Christ – auch der Bischof – nur Christ. Hier lebt die Unteilbarkeit der einen christlichen Berufung zur Heiligkeit. Das „für euch" hingegen kennzeichnet seinen Dienst, den er aber auch nur in Beziehung wahrnehmen kann. Der Dienst des Bischofs besteht in diesem „für euch", das er im Auftrag Jesu Christi in der Verkündigung des Wortes Gottes, in der Feier der Sakramente und in der Leitung des Bistums wahrnimmt. Da das Amt des Bischofs Relation, Beziehung ist, wünsche ich meinem Nachfolger als Bischof von Basel vor allem, dass er im Bistum angenommen wird und das Volk Gottes mit ihm den Weg in die Zukunft geht.

Dritter Teil:
Dienst am Wort Gottes als Herzmitte der neuen Evangelisierung

1. Primat des Evangeliums in der Kirche

Soll ein Bischof ein Doktorat in Theologie oder in Kirchenrecht gemacht haben? Diese Frage stammt nicht von einem modernen Katholiken, der sich die heute weit verbreitete Aversion gegen alles Rechtliche in der Kirche angeeignet hat. Diese Frage hat in dieser Form wohl zuerst der große Kommentator des heiligen Thomas von Aquin im 16. Jahrhundert und ein wichtiger Kontrahent Martin Luthers in den Auseinandersetzungen in der Reformationszeit, Kardinal Cajetan, gestellt. Er hat damals auf diese Frage eine überraschende, aber hellsichtige Antwort gegeben. Zunächst referierte er eine damals weit verbreitete Position: „Zu dieser Frage sagen einige folgendes. Wenn auch den Bischöfen in alter Zeit theologisches Wissen eher anstand als rechtliches Wissen, weil man damals gegen die Ketzer mit dem Schwert der Theologie vorgehen musste, so empfiehlt es sich heute eher, dass die Bischöfe rechtskundig sind, weil mehr Fragen auftauchen, die das Recht betreffen, als solche, die den Glauben betreffen." Kardinal Cajetans Urteil über diese Position ist aber unmissverständlich: „Die Vertreter dieser Meinung irren sich gründlich. Schon deswegen, weil das Amt der Bischöfe, das ihnen bei der Weihe auferlegt wird, die Predigt ist. Gegenstand der Predigt ist aber nicht das Recht, sondern die frohe Botschaft, da der Herr sagt: ‚Predigt die Frohbotschaft' (Mk 16,15); darunter wird die Heilige Schrift verstanden, die wahrhaftig und eigentlich theologisches Wissen ist."

Kardinal Cajetan vertrat entschieden die Überzeugung, dass die Bischöfe zu allen Zeiten verpflichtet sind, Theologen zu sein;

und dazu sind sie vor allem verpflichtet, weil sie in erster Linie Prediger sind und deshalb im Dienst am Wort Gottes stehen. Die Zentralität der Verkündigung des Wortes Gottes im Leben und Wirken der Bischöfe und Priester ist dabei darin begründet, dass die Verkündigung des Evangeliums den Primat in der Kirche überhaupt hat und haben muss. Denn die Kirche hat immer und überall die Pflicht, das Evangelium Jesu Christi zu verkünden und, wie Papst Benedikt XVI. in seinem Apostolischen Schreiben zur Errichtung des Päpstlichen Rates zur Förderung der Neuevangelisierung betonte, „die ganze Welt mit der Schönheit des Evangeliums bekannt zu machen, indem sie Jesus Christus als wahren Gott und wahren Menschen verkündet".[1] Die Verkündigung des Evangeliums ist deshalb, wie bereits das Wort sagt, die Herzmitte der neuen Evangelisierung. An diesem großen Projekt mitzuwirken, sind alle Getauften berufen, denen das unschätzbare Geschenk des Evangeliums zuteil geworden ist und die deshalb in sich den sehnlichen Wunsch verspüren, dieses kostbare Geschenk weiterzugeben und mit anderen Menschen zu teilen.

Die Evangelisierung ist freilich in besonderer Weise dem geweihten Amt in der Kirche aufgetragen, das in der Nachfolge der Apostel steht, die das Evangelium von Jesus Christus in die Welt getragen haben. Ihre Sendung muss auch heute weitergehen. Denn es wäre kein Zeichen eines dankbaren Glaubens, würde man annehmen, der Auftrag zur Evangelisierung habe sich nur bis zu den Aposteln erstreckt und mit ihnen habe sich die Quelle der Gnade Gottes erschöpft. Demgegenüber hat der heilige Augustinus entschieden betont, dass sich die Quelle der Gnade Gottes nur offenbare, wenn sie fließe, nicht hingegen, wenn sie aufhöre zu strömen: „Auf diese Weise erreichte die Gnade durch die Apostel auch andere, die ausgesandt wurden, das Evangelium zu verkünden …, ja, sie hat weiter bis in diese letzten Tage den gesamten Leib seines eingeborenen Sohnes, also seine über die ganze Erde verbreitete Kirche, berufen".[2]

2. Pastorale Herausforderung zur Verkündigung des Wortes Gottes

Die Sendung der Evangelisierung ist auch heute auf Verkünder des Evangeliums angewiesen, deren Hauptverantwortung in der Vorsorge besteht, dass das Evangelium den Primat in der Kirche behält oder, wo nötig, zurückerhält und die ganze Kirche an der heute notwendigen neuen Evangelisierung mitwirkt. Diese Verantwortung können die amtlichen Verkünder des Evangeliums aber nur dann glaubwürdig wahrnehmen, wenn in ihrem Wirken die Verkündigung einen unzweideutigen Primat hat. Die Zentralität der Verkündigung des Wortes Gottes im Leben und Wirken der Bischöfe und Priester ist insofern die elementare Voraussetzung für das Voranbringen der neuen Evangelisierung. Sie legt sich aber auch und gerade in der pastoralen Situation der Kirche heute besonders nahe, und zwar genauerhin aus drei Gründen.

2.1 Gottes Wort in der heutigen Inflation der Wörter

Der Auftrag der Verkündigung des Wortes Gottes muss erstens in einer Welt wahrgenommen worden, in der wir von Wörtern geradezu überschwemmt werden und die Wörter der Inflation anheimgegeben sind, so dass wir immer wieder zu sagen pflegen: „Dies sind nichts als Wörter." Die Zahl der Wörter hat in der heutigen Welt unermesslich zugenommen; aber ihr Wert ist ebenso unermesslich abgesunken. Bei dieser Wortinflation besteht die große Gefahr, dass auch jene Wörter, die im Mittelpunkt der christlichen Verkündigung stehen, als bloße Wörter vernommen werden, die nichts mehr kosten. Damit verbunden ist die Versuchung, sich statt am Wort Gottes zu orientieren, auf menschliche Wörter zu setzen und damit jener Krankheit zu verfallen, die der Wiener Pastoraltheologe Paul M. Zulehner als „Logorrhöe", als „Wortdurchfall" bezeichnet hat.[3] Von daher will es manchmal nur noch schwer gelingen, in den vielen

Wörtern des alltäglichen Lebens das eine Wort herauszuhören, das das Wort Gottes ist. Die Kirche erscheint dann nur noch als Gemeinschaft der menschlichen Wörter und nicht mehr als Kirche des Wortes Gottes.

In dieser Situation sind die Verkünder des Wortes Gottes berufen und verpflichtet, mit ihrem ganzen Wirken und zuvor mit ihrer eigenen Existenz zu dokumentieren, dass es im Leben der Menschen nicht einfach um Wörter geht, sondern um das Wort, das ein „Wort des ewigen Lebens" ist (Joh 6,68). Auf diese gewichtige Bedeutung weist bereits der ursprüngliche Sinn des Wortes „Evangelium" hin. Damals, als mit Jesus Christus das Evangelium in die Welt gekommen ist, hatte es keineswegs den etwas niedlichen und harmlosen Klang, den wir heute aus ihm herauszuhören pflegen, wenn wir beispielsweise von der „Guten Nachricht" sprechen. Das Wort „Evangelium" war in der Zeit Jesu vielmehr ein elementar politisches Wort und gehörte zur „politischen Theologie" von damals. Als „Evangelium" wurden alle Erlasse des Kaisers bezeichnet, und zwar selbst im schlechtesten Fall, in dem sie für die Betroffenen keine „gute Nachricht" enthielten. „Evangelium" hieß – einfach übersetzt – Kaiserbotschaft. Frohe Botschaft war sie nicht in erster Linie wegen des Inhalts, sondern weil sie vom Kaiser und damit von jenem Menschen stammt, der – angeblich – die Welt in Händen hält.

In diesem gewichtigen Sinn ist auch Jesu Botschaft Evangelium, freilich nicht, weil uns diese Botschaft auf Anhieb gefällt oder weil sie bequem oder vergnüglich wäre, sondern weil sie von dem kommt, der sich nicht mehr wie der Kaiser anmaßt, Gott zu sein und daher seine Botschaften als Evangelien zu deklarieren, der vielmehr der Sohn Gottes selbst ist und in seinem Evangelium den Schlüssel zur Wahrheit und damit auch zur wahren Freude hat. Auch wenn uns Christen und Christinnen die Wahrheit des Evangeliums nicht allzeit als bequem erscheint – und in der Tat auch nicht ist – , ist es doch nur seine Wahrheit, die frei und froh macht, weil in diesem Wort der Königsbotschaft das Wort des ewigen Lebens ertönt.

2.2 Katechumenale Situation in der Kirche

Die Kirche steht im Dienst der Verkündigung des Wortes Gottes als Wort des Lebens für die Menschen; und Bischöfe und Priester sind in erster Linie Verkündiger und Zeugen des Evangeliums Jesu Christi. Diese Fokussierung ihrer Sendung auf das Weitergeben des Wortes Gottes drängt sich auch aus einem zweiten Grund auf. Eine der großen Herausforderungen, die sich in der heutigen pastoralen Situation stellt, besteht darin, dass die Weitergabe des Glaubens an die kommende Generation zur Überlebensfrage des Christentums geworden ist. Wir müssen immer mehr die Erfahrung machen, dass selbst die geschichtlich gewachsenen traditionellen Wege der Glaubensweitergabe und der Hinführung zum Glauben und kirchlichen Leben und die damit verbundenen Lernorte des Glaubens – Familie und Pfarrei, Religionsunterricht und Schule - zunehmend schwächer werden oder ganz ausfallen. Nicht nur findet in vielen Familien die Primärsozialisation im kirchlichen Leben nicht mehr statt, sondern auch in der Schule wird die Weitergabe des Glaubens zunehmend prekärer; und selbst der Religionsunterricht, der immer nur subsidiär zu wirken vermag, kann kaum mehr auf bereits vorhandenen Glaubensgrundlagen aufbauen.

Trotz dieser gravierenden Veränderungen steht heute noch immer im dominierenden Mittelpunkt der pastoralen Arbeit die Sakramentalisierung des menschlichen Lebens und gerade nicht die Evangelisierung, die in einer missionarischen Situation zweifellos die entscheidende Leitperspektive der kirchlichen Pastoral sein müsste. Dieser Situation kann die Kirche nur entsprechen, wenn die herkömmliche Pastoral der kirchlichen Initiation ihre ursprünglich katechumenale und dies heißt erstverkündigende und evangelisierende Dimension zurückgewinnt. Die französische Christentumssoziologin Danielle Hervieu-Léger hat mit Recht betont, dass die traditionelle Kategorie des „praktizierenden Katholiken" in der heutigen pastoralen Situation kaum mehr aussagekräftig ist, jedenfalls nur noch auf eine kleine Minderheit zutrifft, dass die Mehrheit vielmehr als „Pilger" und „Konvertiten" zu betrachten sind. Dies sind Menschen, die nicht einfach Christen sind, sondern auf dem Weg, Christen zu werden. Pilger und Konvertiten sind noch nicht überzeugte Christen, genauerhin Menschen, die auf der Suche nach ihren Lebensüberzeugungen sind und Christen nur werden in der Begegnung mit überzeugten christlichen Persönlichkeiten und Christengemeinschaften.

In dieser weithin diffus gewordenen Situation muss die Pastoral der Kirche, wie Kardinal Walter Kasper bereits in den sechziger Jahren mit Recht postuliert hat, von der „pastoralen Prävalenz des Wortes vor dem Sakrament" ausgehen.[4] Damit ist ein „pastoraler Paradigmenwechsel" angesagt, und zwar vor allem dahingehend, dass nicht mehr, wie in den vergangenen Jahrhunderten einer volkskirchlichen Situation, eine flächendeckende Sakramentenversorgung die dominierende Leitlinie der Pastoral sein kann, dass an deren Stelle und zugleich als Voraussetzung für die Sakramentenpastoral vielmehr die „pastorale Priorität der Evangelisierung" und damit der Weitergabe des Glaubens treten muss.[5]

2.3 Verkündigung als Teil des sakramentalen Geschehens

Damit tritt die dritte Schwierigkeit in der heutigen pastoralen Situation vor Augen. Der Priestermangel, der in unseren Breitengraden alarmierende Ausmaße angenommen hat, hat immer mehr dazu geführt, dass der Priester die besondere Priorität seiner Sendung nicht im Dienst am Evangelium erblickt, sondern sein Wirken stets mehr auf die Feier der Sakramente, vor allem der Eucharistie konzentriert ist, während demgegenüber der Dienst am Wort Gottes vornehmlich an andere Dienste in der Kirche delegiert wird, und zwar bis hin zur Predigttätigkeit in der Eucharistiefeier, wie dies in einzelnen Diözesen der Fall ist.

Diese Praxis bietet dann kein Problem, wenn man die Predigt in der Eucharistiefeier unter rein funktionalen Gesichtspunkten betrachtet. Sie wird aber dann zum Problem, wenn man der Weisung der Liturgiekonstitution des Zweiten Vatikanischen

Konzils folgt, die die Homilie in der Eucharistiefeier als „Teil der liturgischen Handlung" qualifiziert hat.[6] Wenn nämlich die Homilie nicht einfach, wie dies in früheren Zeiten praktiziert wurde, eine Unterbrechung der Liturgie mit einem eigenen Redeteil ist, sondern ins sakramentale Geschehen selbst hineingehört, dann ist sie wesentlich an den geweihten Amtsträger gebunden, der das Wort Gottes in die feiernde Gemeinde hinein trägt, auch in der Verkündigung des Wortes Christus repräsentiert und das verkündete Wort Gottes anschließend mit dem Opfer des Wortes verbindet, das im eucharistischen Hochgebet dem dreifaltigen Gott dargebracht wird. Nicht zuletzt aus diesem Grund ist in der heutigen pastoralen Situation die Rückbesinnung der Bischöfe und Priester auf ihre primäre Sendung der Verkündigung des Evangeliums besonders angesagt.

3. Biblische Kunde von einem sprechenden Gott

Bevor die Zentralität der Verkündigung des Wortes Gottes im bischöflichen und priesterlichen Dienst weiter entfaltet werden kann, muss zunächst danach gefragt werden, was der christliche Glaube unter dem Wort Gottes versteht und welchen grundlegenden Stellenwert die Verkündigung des Evangeliums in der Ökonomie des kirchlichen Lebens einnehmen muss. Denn wenn das geweihte Amt in der Kirche in erster Linie in der Verkündigung des Wortes Gottes besteht, hängt alles davon ab, ein präzises Verständnis von jener Wirklichkeit zu gewinnen, in deren Dienst es steht.

3.1 Tisch des Wortes und Tisch des Leibes Christi

„Die Juden, welche sich auf Kostbarkeiten verstehen, wussten sehr genau, was sie taten, als sie bei dem Brande des zweiten Tempels die goldenen und silbernen Opfergeschirre, die Leuchter und Lampen, sogar den hohepriesterlichen Brustlatz mit den großen Edelsteinen im Stich ließen und nur die Bibel retteten. Diese war der wahre Tempelschatz."[7] Schöner als mit diesen Worten des Dichters Heinrich Heine kann man wohl die grundlegende Bedeutung des Wortes Gottes im Glauben und Leben der Juden nicht mehr beschreiben. Eine ähnliche Charakterisierung der Bedeutung des Wortes Gottes für die Christen findet sich in der Dogmatischen Konstitution des Zweiten Vatikanischen Konzils über die göttliche Offenbarung: „Die Kirche hat die Heiligen Schriften immer verehrt wie den Herrenleib selbst, weil sie, vor allem in der heiligen Liturgie, vom Tisch des Wortes wie des Leibes Christi ohne Unterlass das Brot des Lebens nimmt und den Gläubigen reicht."[8]

Diese grundlegende Aussage, die nicht zufälligerweise im Zusammenhang mit der Liturgie steht, die der „privilegierte Ort" ist, „an dem das Wort Gottes, das die Kirche auferbaut, erklingt",[9] verweist auf die enge Verbindung, die zwischen der Verkündigung des Wortes Gottes und dem eucharistischen Opfermahl besteht. Die unlösbare Zusammengehörigkeit von Wort Gottes und Leib Christi ist bereits während des Zweiten Vatikanischen Konzils sinnenfällig dadurch zum Ausdruck gebracht worden, dass in der Eucharistie, die am Beginn jeder Hauptsitzung gefeiert wurde, die Heilige Schrift in der Mitte der Petersbasilika zur Verehrung aufgestellt gewesen ist. Der Zusammenhang zwischen dem Tisch des Wortes und dem Tisch des Leibes Christi ist auch mit der Abfolge der zwei vergangenen Generalversammlungen der Bischofssynode bezeugt worden: Nachdem die Bischofssynode im Jahre 2005 der „Eucharistie als Quelle und Höhepunkt im Leben und in der Sendung der Kirche" gewidmet gewesen ist,[10] sollte sich in der Sicht von Papst Benedikt XVI. die folgende Synode im Jahre 2008 bewusst des Themas „Wort Gottes im Leben und in der Sendung der Kirche" annehmen.[11] Diese grundlegende Perspektive wird nochmals vertieft werden bei der im Herbst 2012 stattfindenden nächsten Bischofssynode über die „neue Evangelisierung für die Weitergabe des christlichen Glaubens".

Die in der Zwischenzeit erfolgte Veröffentlichung des Nachsynodalen Schreibens von Papst Benedikt XVI. zur Bischofssynode über das Wort Gottes ist Anlass zur selbstkritischen Rückfrage, ob und inwieweit die grundlegenden Aussagen des Zweiten Vatikanischen Konzils über die Bedeutung des Wortes Gottes im Leben der Christen und in der Kirche wirklich rezipiert und in konkretes Leben übersetzt worden sind. Mit Kardinal Carlo M. Martini darf man die Offenbarungskonstitution zweifellos als das „vielleicht schönste Dokument des Konzils" würdigen.[12] Auf der anderen Seite muss man sie aber auch zu den selbst innerhalb der Kirche am wenigsten bekannt gewordenen Texten des Zweiten Vatikanischen Konzils rechnen. Das Apostolische Schreiben *Verbum Domini* von Papst Benedikt XVI. lädt deshalb auch zu einer *Relecture* der konziliaren Offenbarungskonstitution und in der Folge zu einer intensiven Bearbeitung jener Probleme ein, die im Leben der Kirche heute weithin anstehen. Die Darstellung eines Panoramas der Fragestellungen muss insofern eher in die Zukunft als in die Vergangenheit blicken, um den Herausforderungen der Gegenwart gerecht werden zu können.

3.2 Das Wort Gottes als Person, Tradition und Schrift

Bei einem derart grundlegenden und weit reichenden Thema erhebt sich an erster Stelle die Frage, was unter „Wort Gottes" genauerhin zu verstehen ist. Ein auch nur summarischer Blick in die heutige kirchliche und theologische Landschaft zeigt, dass sich zwei verschiedene Antwortrichtungen einander gegenüberstehen. Die eine Seite pflegt das Wort Gottes sogleich mit der Heiligen Schrift zu identifizieren, woraus sich sehr schnell eine gewisse Hypostasierung des Wortes und in der Folge – auch im Raum der katholischen Theologie – das reformatorische Prinzip des *sola scriptura* ergeben. Die andere Seite geht demgegenüber von einem umfassenderen Verständnis des Wortes Gottes aus und betont, dass das Wort Gottes in erster Linie nicht Schrift, sondern personale Wirklichkeit ist, dass nämlich Jesus Christus selbst das lebendige Wort Gottes ist. In diesem grundlegenden Sinn geht das Wort Gottes der Heiligen Schrift voraus und ist in erster Linie eine Person, nämlich der Fleisch gewordene Sohn Gottes. In ihm hat sich Gott selbst offenbart; und diese Offenbarung hat ihre authentische Bezeugung in der Heiligen Schrift gefunden.

Dem Apostolischen Schreiben *Verbum Domini* liegt eindeutig die zweite Positionsbestimmung zugrunde. Dies zeigt sich vor allem darin, dass es den Begriff „Wort Gottes" in einem analogen Sinn, nämlich als „Symphonie des Wortes", versteht,[13] deshalb ausgeht von der Kennzeichnung des biblisch offenbaren Gottes als eines Gottes, der spricht, dann von der kosmischen Dimension des Wortes, in dem alles, was ist, entstanden ist, handelt, von daher übergeht zur christologischen Fundamentalbedeutung des Wortes Gottes, das Fleisch geworden ist und sich durch das Wirken des Heiligen Geistes der Kirche schenkt, und erst in diesem großen heilsgeschichtlichen Zusammenhang von der Gegenwart des Wortes Gottes in der lebendigen apostolischen Tradition der Kirche und in der Heiligen Schrift spricht. Wenn demgemäß Gottes Offenbarung in seinem Wort nicht einfach mit der Heiligen Schrift identisch ist, dann ist unter ihr jedenfalls mehr zu verstehen als das Geschriebene. Gottes Offenbarung liegt vielmehr der Heiligen Schrift voraus „und schlägt sich in ihr nieder, ist aber nicht einfach mit ihr identisch".[14] Denn Gottes Offenbarung bezeichnet das Handeln Gottes, der sich in der Geschichte zeigt, sie ist ein lebendiges, personales und gemeinschaftliches Geschehen und kann erst zur Vollendung kommen, wenn sie bei ihrem Adressaten gläubige Annahme findet. Weil eine Offenbarung, die nicht angenommen wird, auch niemandem offenbar werden kann, gehört zum Begriff der Offenbarung immer auch das sie empfangende Subjekt, genauerhin „ein Jemand, der ihrer inne wird".[15]

Diese offenbarungstheologische Konzeption hat Papst Benedikt XVI. bereits in seiner Habilitationsschrift über das Offenbarungsverständnis und die Geschichtstheologie des heiligen Bonaventura ausgearbeitet, die freilich erst im Jahre 2009 in ihrer Ganzheit veröffentlicht worden ist[16] und über die Hansjürgen Verweyen mit Recht geurteilt hat, dass sie für das Verständnis der Theologie des heutigen Papstes von großem Wert ist und dass, wäre sie früher zugänglich gewesen, die Theologiegeschichte in der zweiten Hälfte des vergangenen Jahrhunderts wohl anders verlaufen wäre.[17] Dieses Offenbarungsverständnis, das viele Engführungen, in die das Offenbarungsdenken in den voraufgehenden Jahrhunderten geraten war, überwinden konnte, geht davon aus, dass Offenbarung immer mehr ist als ihr Materialprinzip, nämlich die Heilige Schrift, „dass sie Leben ist, das in der Kirche lebt und so erst die Schrift lebendig macht und ihre verborgenen Tiefen aufleuchten lässt".[18] Und gegenüber der traditionellen Sicht von Schrift und Tradition als den beiden Quellen der Offenbarung hebt Joseph Ratzinger die Vorordnung der Offenbarung als der einen Quelle gegenüber Schrift und Tradition als den geschichtlichen Übermittlungsformen dieser einen Offenbarung hervor: Die Offenbarung, verstanden als „Sprechen und Sich-Selbst-Enthüllen Gottes", ist „der *unus fons,* aus dem die beiden *rivuli* Schrift und Überlieferung hervorfließen". Es kann kein Zweifel bestehen, dass diese grundlegenden Einsichten des Theologen Joseph Ratzinger weitgehend Eingang in die Dogmatische Konstitution des Zweiten Vatikanischen Konzils über die göttliche Offenbarung gefunden haben, was bereits in ihrem ersten Satz zum Ausdruck gebracht wird: *„Dei Verbum religiose audiens et fidenter proclamans."* Demgemäß hat Gottes Offenbarung eine konkrete Zielrichtung und zielt auf das empfangsbereite Hören des Wortes Gottes.

Die Konsequenzen, die sich aus diesem Offenbarungsverständnis ergeben, können gerade bei der Neuevangelisierung nicht unterschätzt werden. Es muss im vorliegenden Zusammenhang aber genügen, kurz zwei Perspektiven zu benennen. Die Hervorhebung der besonderen Würde des Wortes Gottes als Person stellt erstens eine wichtige Leitmarke im interreligiösen Dialog dar. Im allgemeinen Trend von heute, in dem die verschiedenen Religionen als gleichermaßen gültige Beziehungen der Menschen zu Gott betrachtet werden, pflegt man auch unumwunden von den Heiligen Schriften der Menschheit zu reden. An dieser Sprachregelung ist gewiss sehr viel Wahres. In

Vergessenheit droht damit freilich zu geraten, dass das Christentum nicht – wie beispielsweise das Judentum und in anderer Weise der Islam – eine Buchreligion ist, sondern eine innere Freundschaftsbeziehung zu Jesus Christus als dem lebendigen Wort Gottes, ohne die letztlich auch das Papier der Heiligen Schrift geduldig bliebe. Das Spezifische des Christentums lässt sich insofern mit dem katholischen Neutestamentler Thomas Söding in der zentralen Aussage verdichten: „Das Christentum hat eine Heilige Schrift, ist aber keine Buchreligion. Im Mittelpunkt des Christentums steht der Mensch: Jesus von Nazareth. Durch ihn wird das Menschliche mit dem Göttlichen verbunden und Gott mit dem Menschen."[20]

Die analoge Verwendung des Begriffs „Wort Gottes" bringt zweitens auch die bis heute gebliebene ekklesiologische Grunddifferenz zwischen der katholischen Kirche und den aus der Reformation hervorgegangenen Kirchen und kirchlichen Gemeinschaften zum Ausdruck: Die reformatorische Theologie definiert die Kirche allein vom pure et recte verkündeten Wort Gottes und der evangeliumsgemäßen Verwaltung der Sakramente her und fasst das Wort Gottes als eine sich selbst zu erkennen gebende, der Kirche selbständig gegenüberstehende Größe und als eigenständiges Korrektiv auch des kirchlichen Amtes auf. Gegenüber dieser weitgehenden Hypostasierung des Wortes Gottes bezeichnet die katholische Kirche nicht nur als drittes Kriterium des Kircheseins auch das Amt, sondern betrachtet auch und vor allem Gottes Wort und Kirche in wechselseitiger Bezogenheit: „Sie kennt nicht ein der Kirche gegenüber selbständiges, quasi-hypostatisches Wort, sondern das Wort lebt in der Kirche, wie die Kirche vom Wort lebt – eine Relation gegenseitiger Abhängigkeit und Beziehung."[21]

3.3 Die Heilige Schrift im Lebensraum der Kirche

Diesem Zusammenhang muss weiter nachgedacht werden, indem sich zunächst die Frage stellt, wer denn eigentlich der Adressat des Wortes Gottes ist. Weil der einzelne Christ nicht aus seinem Eigenen, sondern nur mit der ganzen Kirche mitglaubend glaubt und weil das „Ich" des Credo das „Wir" der Kirche ist, ist das Volk Gottes der eigentliche Adressat der Offenbarung Gottes und ihrer authentischen Artikulation in der Heiligen Schrift. Dies zeigt sich bereits an dem grundlegenden Sachverhalt, dass schon das Entstehen der Heiligen Schrift ein Ausdruck des Glaubens der Kirche und die Heilige Schrift ein Buch der Kirche ist, das aus der kirchlichen Überlieferung hervorgegangen ist und durch sie weitergegeben wird, so dass das Werden der Schrift und das Werden der Kirche als ein einziges Ursprungsgeschehen zu betrachten ist.

Ohne das glaubende Subjekt der Kirche könnte man gar nicht von „Heiliger Schrift" reden. Ohne die Kirche wäre sie nichts anderes als eine historische Sammlung von Schriften, deren Entstehung sich durch ein ganzes Jahrtausend hindurchgezogen hat. Aus dieser Literatursammlung ist die Bibel als „ein Buch", und zwar als „Heilige Schrift" mit ihrer Zwei-Einheit von Altem und Neuem Testament, erst und nur durch das in der Geschichte wandernde Volk Gottes geworden. Die Heilige Schrift präsentiert sich vor allem deshalb als ein einziges Buch, weil sie ganz aus dem Boden des einen Volkes Gottes heraus gewachsen ist und weil folglich der Verfasser der Bibel das Gottesvolk selbst ist, nämlich zunächst Israel und dann die Kirche, wie der Neutestamentler Gerhard Lohfink hervorhebt: „Die Heilige Schrift ist nicht ein Paket von 73 Büchern, das nachträglich zusammengeschnürt worden ist, sondern sie ist gewachsen wie ein Baum. Am Ende wurden in diesen Baum noch einmal ganz neue Zweige eingepfropft: das Neue Testament. Aber auch diese Zweige nähren sich von dem Saft des einen Baumes und werden von seinem Stamm getragen."[22] Wenn wir diesem Sachverhalt Rechnung tragen, können wir nicht einfach einzelne Bücher der Heiligen Schrift isoliert für sich betrachten; wir müssen die Heilige Schrift vielmehr auch gleichsam als „Fortsetzungsroman" der „Erfolgsautorin", genannt Kirche, lesen.

Im Licht dieser engen Zusammengehörigkeit von Heiliger Schrift und Kirche ist auch die Frage des biblischen Kanons neu zu betrachten. Bekanntlich hat der evangelische Exeget Ernst Käsemann die These vertreten, dass der neutestamentliche Kanon nicht die Einheit der Kirche, sondern die Vielheit seiner Bücher und seiner möglichen Interpretationen und somit auch die Vielfalt der Konfessionen begründe.[23] Diese Auskunft leuchtet freilich nur ein, wenn man den neutestamentlichen Kanon für sich allein betrachtet. Dabei handelt es sich aber um eine verkürzte Fragestellung, die in der Perspektive der Reformation formuliert ist und nicht in der Perspektive des Kanons selbst. Denn der Kanon ist weder vom Himmel gefallen noch besteht er gleichsam vorgängig zur Kirche, sondern ist in der Kirche entstanden: „Zusammen mit der Feststellung, dass die Kanonbildung bewusst der Einheit der Lehre der Kirche in Abhebung zur Vielfalt und Widersprüchlichkeit der hellenistischen Philosophien dienen soll, zeigt dies alles, dass die Kanonbildung eine bewusste Schöpfung der werdenden Kirche ist."[24] Insofern begründet in der Tat nicht der Kanon die Einheit der Kirche, freilich auch nicht die Vielfalt der Konfessionen, sondern die Einheit der Kirche hat vielmehr den Kanon als Einheit begründet. Denn in einem intensiven Ringen mit großer Anstrengung hat die werdende Kirche in den verschiedenen Büchern den authentischen Ausdruck und den Maßstab ihres eigenen Glaubens gefunden, so dass es ohne den Glauben der werdenden Kirche keinen Kanon geben könnte.[25]

Die Heilige Schrift im Sinne der Zusammenfügung der verschiedenen Schriften ist das Werk der kirchlichen Überlieferung, zu der gerade bei diesem Prozess als konstitutives Element die herausragende Bedeutung des römischen Bischofsstuhles gehört hat. Insofern lässt sich auch historisch zeigen, dass die Anerkennung Roms als „Kriterium des rechten apostolischen Glaubens" älter ist „als der Kanon des Neuen Testaments, als ‚die Schrift'"[26]. Der katholische Ökumeniker Heinz Schütte hat von daher das protestantische Schriftprinzip im Sinne des *sola scriptura* mit Recht als „das ökumenische Kernproblem" diagnostiziert, weil es faktisch auf einer frühkirchlichen Entscheidung beruht und eine solche theoretisch doch gerade ausschließen will.²⁷ Diese Paradoxie bringt es an den Tag, dass das Thema der Kirche als Schöpferin, Tradentin und Exegetin des biblischen Kanons nicht umschifft werden kann, wie es reformierte Theologie und teilweise auch katholische Exegese tun zu können meinen.

Nach dem Gesagten muss man das Verhältnis zwischen Heiliger Schrift und Kirche dahingehend konturieren, dass auf der einen Seite die Schrift nicht ohne und nicht gegen die Kirche, sondern nur in ihr Heilige Schrift ist, dass die Kirche aber auf der anderen Seite, um Kirche zu bleiben, die Heilige Schrift als jene Wirklichkeit festhalten muss, in der der Glaube der Kirche verbindlich ausgesprochen ist, und dass die Kirche nicht über dem Wort Gottes steht, sondern ihm zu Diensten ist, wie die Offenbarungskonstitution des Zweiten Vatikanischen Konzils ausdrücklich hervorhebt.²⁸ Insofern kommt gerade im Bedenken des Verhältnisses von Heiliger Schrift und Kirche ihr tiefstes Wesen zum Ausdruck, dass sie sich „nicht selbst zu eigen ist, sondern ihr Eigentlichstes gerade in dem hat, was ihr nicht selbst gehört, sondern was sie empfangen hat".²⁹

Die Heilige Schrift ist und bleibt nur ein lebendiges Buch mit dem Volk Gottes als jenem Subjekt, das es empfängt und sich aneignet; und umgekehrt kann dieses Volk Gottes ohne die Heilige Schrift gar nicht existieren, weil es in ihr seine Lebensgrundlage, seine Berufung und seine Identität findet. Von daher versteht es sich auch von selbst, dass der Lebensraum, in dem das Volk Gottes dem Wort Gottes in der Heiligen Schrift in besonderer Weise begegnet, der Gottesdienst der Kirche ist. Dass die Liturgie der bevorzugte Ort ist, an dem das Wort Gottes verkündet wird, hebt Papst Benedikt XVI. dadurch hervor, dass er den zweiten Teil seines Apostolischen Schreibens *Verbum Domini* mit der Betrachtung des Wortes Gottes in der heiligen Liturgie beginnen lässt: „Jeder Gottesdienst ist von seinem Wesen her von der Heiligen Schrift durchdrungen."³⁰

3.4 Das Wort Gottes im Kontext der kirchlichen Grundvorgänge

Die Frage nach dem Verhältnis zwischen der Kirche und der Heiligen Schrift ist nicht nur in der katholischen Kirche heute umstritten, sondern bildet auch den innersten Kern des ökumenischen Problems vor allem in der Begegnung mit den aus der Reformation hervorgegangenen Kirchen und kirchlichen Gemeinschaften. Dieses besteht nur vordergründig in einem Streit über kirchliche Institutionen wie das Lehramt und das kirchliche Amt überhaupt. Die eigentlich strittige Frage ist vielmehr diejenige nach dem Verhältnis zwischen Wort Gottes und amtlich beauftragter Zeugen dieses Wortes in der Glaubensgemeinschaft der Kirche. In dieser Sinnrichtung hat Papst Benedikt XVI. bei seiner ökumenischen Begegnung mit Repräsentanten anderer christlicher Kirchen und Gemeinschaften während seiner Apostolischen Reise nach Köln im September 2005 betont, dass das ekklesiologische Problem, das in der Ökumene ansteht, dasjenige „der Weise der Gegenwart des Wortes Gottes in der Welt", genauerhin der „Verflechtung von Wort und Zeuge und Glaubensregel" ist und dass man die Amtsfrage zugleich als Frage des Gotteswortes, seiner Souveränität und seiner Demut betrachten muss, „in der der Herr es auch den Zeugen anvertraut und Auslegung gewährt, die sich freilich immer an der ‚regula fidei' und am Ernst des Wortes selbst zu messen hat".[31] Verstehbar wird diese Perspektive freilich erst, wenn man sie auf dem Hintergrund von jenen vier Grundvorgängen betrachtet, mit denen die Kirche entstanden ist, die zu ihren bleibenden Wesensmerkmalen gehören und die bei der Neuevangelisierung zusammenwirken müssen.

Der erste Grundvorgang besteht, wie bereits angesprochen, in der Ausbildung des Kanons der Heiligen Schrift, die gegen Ende des 2. Jahrhunderts zu einem gewissen Abschluss gekommen ist, sich aber noch weit in die folgenden Jahrhunderte hineingezogen hat. Der historische Sachverhalt, dass die Literatur, die wir heute „Neues Testament" nennen, aus einer Vielzahl von damals in

Umlauf befindlichen literarischen Erzeugnissen ausgewählt und der griechische Kanon der jüdischen Bibel als „Altes Testament" dem „Neuen Testament" zugeordnet worden ist und dann zusammen die „Heilige Schrift" bildet, zeigt nicht nur, dass die Definition des biblischen Kanons ein Werk der frühen Kirche ist, sondern auch dass die Konstituierung des biblischen Kanons und die Konstituierung der Ordnungsgestalt der frühen Kirche im Grunde zwei Seiten desselben Vorgangs sind.

Bei der Auswahl jener Schriften, die schließlich von der Kirche als Heilige Schrift anerkannt worden sind, hat die frühe Kirche einen Maßstab verwendet, den sie als *regula fidei,* als Glaubensregel bezeichnet hat. Dabei handelt es sich um eine kurze Summe der wesentlichen Inhalte des kirchlichen Glaubens, die zunächst nicht bis ins Einzelne festgelegt gewesen ist, die aber in den verschiedenen Taufbekenntnissen der frühen Kirche eine von der Liturgie her geformte Gestalt erhalten und in den verschiedenen konziliaren Definitionen ihre Fortsetzung gefunden hat, in denen das Ringen der frühen Kirche um die Unterscheidung des Christlichen seine verbindliche Form angenommen hat. Die grundlegenden Glaubensbekenntnisse der ganzen Christenheit stellen den zweiten Fixpunkt der frühen Kirche dar, und sie bilden „die eigentliche ,Hermeneutik' der Schrift, den aus ihr gewonnenen Schlüssel, um sie ihrem Geist gemäß auszulegen"[32].

Die Lesung der Heiligen Schrift und das Rezitieren des Apostolischen Glaubensbekenntnisses sind in der frühen Kirche in erster Linie gottesdienstliche Akte der um den auferstandenen Herrn versammelten Gemeinde gewesen. Die frühe Kirche hat deshalb drittens auch die Grundformen des christlichen Gottesdienstes geschaffen, die nicht nur die bleibende Basis des kirchlichen Lebens darstellen, sondern auch als verbindlicher Bezugspunkt für jede liturgische Erneuerung betrachtet werden müssen. So enthält die früheste Beschreibung der Liturgie der *Eucharistie* bei Justinus dem Märtyrer in der Mitte des 2. Jahrhunderts bereits die wesentlichen Elemente, die in allen großen liturgischen Ritusfamilien die gleichen geblieben und uns auch heute noch vertraut sind. Da der Gottesdienst der wichtigste Ort ist, an dem das Wort Gottes verkündet und der Glaube bekannt wird, gehört auch die Liturgie zu den Grundvorgängen der Kirche und stellt einen wichtigen *locus theologicus* dar, den die kirchliche Tradition mit der Weisheit zum Ausdruck gebracht hat, dass das Gesetz des Betens auch das Gesetz des Glaubens ist: *lex orandi – lex credendi*.

Das Wort Gottes, das im Sinne der *regula fidei* ausgelegt und im Gottesdienst der Kirche verkündet wird, findet in der Sicht der frühen Kirche schließlich seine primäre Gestalt in der Gegenwart des Wortes im Zeugen. Da es in der Kirche nicht nur die Gemeinschaftlichkeit der von Gott gewirkten Geschichte seines Volkes, sondern auch die Grundstruktur persönlicher Haftbarkeit und Verantwortung gibt, gehören Wort Gottes und persönlicher Zeuge in dem Sinne zueinander, dass nicht nur der Zeuge vom Wort Gottes her und für das Wort Gottes lebt, sondern auch das Wort Gottes durch den persönlich verantwortlichen Zeugen lebt: „Das Bekenntnis gibt es nur als persönlich verantwortetes, und daher ist das Bekenntnis an die Person gebunden",[33] wie bereits das Wir der Kirche mit dem Namen desjenigen begonnen hat, der in Cäsarea Philippi „namentlich und als Person" zuerst das Christusbekenntnis vorgetragen hat: „Du bist der Sohn des lebendigen Gottes" (Mk 16,16).[34] Aufgrund dieser martyrologischen Dimension des Glaubens hat sich in der frühen Kirche die Überzeugung von der apostolischen Sukzession im *Bischofsamt* herausgebildet, das im Dienst der treuen Überlieferung des Wortes Gottes und der apostolischen Tradition steht. Die „Herausbildung, theologische Begründung und institutionelle Stärkung des Bischofsamtes" ist als „eines der wichtigsten Ergebnisse der nachapostolischen Entwicklung" zu verstehen.[35] Sie dokumentiert nicht nur die erstaunliche Tatsache, dass es bereits kurze Zeit nach dem Tod der Apostel und lange vor dem Abschluss der Kanonbildung in der ganzen Kirche – im Westen wie im Osten – nur noch eine, nämlich bischöfliche Ordnung der kirchlichen Ämter gegeben hat, sondern auch und vor allem, dass die Verkündigung des Wortes Gottes und seine authentische Auslegung an das Bischofsamt gebunden sind.

3.5 Das Wort Gottes in Schrift, Tradition und Lehramt

Kanon der Heiligen Schrift, Glaubensregel, Grundform des Gottesdienstes und apostolische Sukzession im Bischofsamt sind die vier Grundgegebenheiten der frühen Kirche. Sie verdeutlichen, dass man die Heilige Schrift nicht aus dem Gesamtgefüge des kirchlichen Glaubenslebens herauslösen kann, sondern dass sie in diesem Kontext zu interpretieren ist. Dafür Sorge zu tragen, ist die besondere und indispensable Aufgabe des kirchlichen Lehramts. Seine Verantwortung liegt darin, in der Kirche die Unversehrtheit, die Identität und Integrität der Heiligen Schrift zu garantieren, wie bereits Irenäus von Lyon angesichts der von den Gnostikern verwendeten sogenannten „apokryphen" Schriften die „Bewahrung der apostolischen Überlieferung, ohne Schriften zu erfinden", zu den Hauptaufgaben des Bischofsamtes gezählt hat.[36] Das kirchliche Lehramt ist freilich gut beraten, wenn es dem wissenschaftlichen Fragen nach Vielfalt und Weite in der Interpretation von historischen Aussagen breiten Raum lässt. Dies kann andererseits aber nicht bedeuten, dass das Lehramt hinsichtlich der Schriftauslegung überhaupt kein Wort mehr zu sagen hätte, zumal dort, wo die Interpretation der Heiligen Schrift gegen die Kirche und ihr Credo gerichtet ist. Das Lehramt hat vielmehr die Verpflichtung, dafür zu sorgen, dass die Auslegung der Heiligen Schrift im Dienst des Glaubens der Kirche und seiner Verkündigung geschieht. Es kann dabei aber nicht einfach im Sinne eines formalen Prinzips handeln, sondern nur im Sinne der inhaltlichen Bindung an das Credo der Kirche.

Analoges gilt auch für das Verhältnis zwischen Heiliger Schrift und kirchlicher Tradition, beziehungsweise zwischen Exegese der Heiligen Schrift und ihrer Interpretation in der Wirkungsgeschichte. Diesbezüglich könnte die Exegese aus dem jüdisch-katholischen Dialog viel lernen. Denn für die Juden ist die Hebräische Bibel nicht ein „abgeschlossenes Buch"; sie ist vielmehr „lebendig", insofern die Bibel im Licht des *Talmud* und vor allem des *Midrasch* gelesen wird, der nicht nur die hebräische Bibel ergänzt, sondern auch mit neuem Erzählgut anreichert.[37] Wie im Judentum so könnten auch im Christentum Schrift und Überlieferung viel unverkrampfter, als dies heute weithin geschieht, als eng miteinander verknüpft betrachtet werden, wie Artikel 9 der Offenbarungskonstitution betont: „Die Heilige Überlieferung und die Heilige Schrift sind eng miteinander verbunden und haben aneinander Anteil."

Die Heilige Schrift kann demgemäß nicht ohne Überlieferung, die Überlieferung nicht ohne Kirche, und Kirche nicht ohne die beiden anderen gedacht werden. Damit ist in katholischer Sicht nicht zuletzt aufgrund von Ergebnissen der historischen und exegetischen Forschung über Schrift und Tradition ein striktes Gegenüber der Schrift zur Kirche, wie es innerhalb der reformatorischen Tradition vertreten wird, ebenso ausgeschlossen wie die prinzipielle Verneinung einer richterlichen Funktion der Heiligen Schrift in der Kirche. Die Offenbarungskonstitution geht vielmehr von einem vieldimensionalen Zusammenspiel von Schrift, Tradition und Kirche aus, weshalb man mit Henri de Lubac urteilen kann: „Nichts also widerspräche dem Geist dieser Konstitution mehr als eine Art feindlicher Konkurrenz zwischen Schrift und Tradition, so, als ob man der einen wegnähme, was man der anderen zuspricht. Noch niemals hatte ein Konzilstext das Traditionsprinzip so gut in seiner ganzen Weite und Komplexität herausgestellt; noch nie wurde der Heiligen Schrift so viel Raum gewährt."[38]

3.6 Historische Exegese und Schriftauslegung im Geist der Kirche

In diesem größeren Zusammenhang werden auch jene zwei Grundspannungen deutlich, von denen das Leben der Kirche mit dem Wort Gottes geprägt ist und die bereits in der Offenbarungskonstitution aufscheinen. Die erste Spannung wird deutlich in Artikel 12, in dem auf der einen Seite in einer eindrücklichen Weise der ganze Anspruch und die grundlegende Bedeutung der historischen Methode der Schriftauslegung als eines unerlässlichen Teils der exegetischen Bemühungen herausgestellt werden, und in dem auf der anderen Seite die eigentlich theologische Dimension der Schriftauslegung mit der Anweisung in Erinnerung gerufen wird, dass die Heilige Schrift „in dem Geist gelesen und ausgelegt" werden müsse, „in dem sie geschrieben wurde". Dies bedeutet konkret, dass die rechte Ermittlung des Sinnes der Heiligen Schrift erfordert, „dass man mit nicht geringerer Sorgfalt auf den Inhalt und die Einheit der ganzen Schrift achtet, unter Berücksichtigung der lebendigen Überlieferung der Gesamtkirche und der Analogie des Glaubens".

Wie aber geht beides zusammen? Während die historisch-kritische Exegese aufgrund ihrer hermeneutischen Regeln nach der Aussageabsicht der biblischen Schriftsteller fragt, dazu nach der eigentlichen Herkunft und dem ältesten Stadium eines Textes zurückfragt und damit auch der Fremdheit historischer Texte standhalten muss, betrachtet die Interpretation der Heiligen Schrift in dem Geist, indem sie geschrieben worden ist, sie als Ganzheit im großen geschichtlichen Ringen Gottes mit den Menschen und im Suchen der Menschen nach Gott, und zwar in der Ur-Einheit von Altem und Neuem Testament, genauerhin als „Bibliothek des Gottesvolkes, Israels wie der Kirche".[39] Eng damit zusammen hängt ein zweiter Unterschied: Während bei der historischen Schriftauslegung der einzelne Exeget nach dem authentischen Sinn eines biblischen Textes fragt und sein Bemühen in kritische Korrelation mit dem Konsens der Exegeten bringt, ist es bei der Interpretation der Heiligen Schrift im Geist, in dem sie geschrieben worden ist, vor allem die kirchliche Gemeinschaft, die die Heilige Schrift auslegt, und zwar im Lebenszusammenhang der ganzen Überlieferung der Kirche, die zwar über die Heilige Schrift hinausreicht, aber um sie als ihre Zentralität kreist, weil die Heilige Schrift nach ihrem wahren Wesen selbst Überlieferung ist. Die Aufgabe des Exegeten wird dabei von der Offenbarungskonstitution dahingehend umschrieben, dass er „auf eine tiefere Erfassung und Auslegung des Sinnes der Heiligen Schrift" hinarbeitet, „damit so gleichsam aufgrund wissenschaftlicher Vorarbeit das Urteil der Kirche reift".[40]

Trotz dieser grundlegenden Unterschiede gehören beide Bemühungen um die Heilige Schrift in einer bleibenden Spannung zusammen. Darin besteht das entscheidende Anliegen der Offenbarungskonstitution des Zweiten Vatikanischen Konzils. Dieselbe Notwendigkeit zeigt sich aber auch in einer exemplarischen Weise im Lebensweg und Lebenswerk des Exegeten Heinrich Schlier. Indem Schlier als Schüler des evangelischen Exegeten Rudolf Bultmann auch die Grenzen von dessen Exegese wahrgenommen hatte, ist es für ihn, wie er selbst in seiner *Kurzen Rechenschaft* dargelegt hat, „ein echt protestantischer Weg" gewesen, der ihn zur katholischen Kirche geführt hat, genauerhin ein Weg, „der geradezu in den lutherischen Bekenntnisschriften vorgesehen, wenn natürlich auch nicht erwartet ist". Schlier vermochte vor allem in der historischen Exegese keinen Gegensatz zur Interpretation der Heiligen Schrift „im Geist der Kirche" und in Anerkennung der apostolischen Vollmacht, die dem überlieferten Wort seine Eindeutigkeit gibt, zu erblicken: „Denn der Geist der Kirche schließt auch die Unbefangenheit wahrer historischer Forschung ein und ist auch hier nicht ein Geist der Knechtschaft zur Furcht, sondern zur Sohnschaft. Die den historischen Phänomenen wirklich offene historische Forschung ist ja auch eine Weise der Erhellung der Wahrheit. So kann auch sie die Kirche finden und ein Weg zu ihr sein."[41] Über Schlier hat Papst Benedikt XVI. mit Recht früher gesagt, er sei „auf einem streng protestantischen Weg – nämlich *sola scriptura* – katholisch geworden",[42] er habe bei seiner Konversion „das Beste des protestantischen Erbes" festgehalten und sei „nicht einfach vom Sola scriptura abgerückt", seine Konversion habe vielmehr ihren Grund darin gehabt, „dass er im Sola scriptura selbst den Ruf nach dem Raum der lebendigen Kirche, nach ihrer Vollmacht und nach ihrer Kontinuität als Voraussetzung für die ‚Entfaltung der apostolischen Hinterlassenschaft'" gefunden habe.[43]

Heinrich Schlier bleibt mit seinem Lebensweg und Lebenswerk nicht nur eine Herausforderung innerhalb der katholischen Theologie, sondern auch die Zumutung einer ökumenischen Vergewisserung. Dies gilt zumal, wenn man bedenkt, dass sein Weg zur katholischen Kirche und Theologie nicht unmaßgeblich von der damaligen politischen Situation angestoßen worden ist, in der die meisten Evangelisch-Theologischen Fakultäten in Deutschland in den Händen der sogenannten Deutschen Christen gelegen haben, die den christlichen Glauben der nationalsozialistischen Ideologie untergeordnet und damit zutiefst verfälscht hatten, und in der Heinrich Schlier als bekennender Christ aus dem akademischen Lehramt ausscheiden musste. In einem Vortrag, den er im Jahre 1935 und damit auf dem Höhepunkt des nationalsozialistischen Kirchenkampfes gehalten und mit dem er, in der vordersten Front der bekennenden evangelischen Kirche stehend, mit beschwörenden Worten die Kirche an ihre Verantwortung für den theologischen Unterricht erinnert hat, steht denn auch der bemerkenswerte Satz: „Es wird wohl kein verständiger Christ bestreiten wollen, dass die Fürsorge für das Wort Gottes unter den Menschen allein der Kirche anvertraut ist."[44] Aus diesem bedeutungsschweren Satz wird ersichtlich, dass die damalige kirchenpolitische Situation Heinrich Schlier stets deutlicher die tiefe und innere Einheit unter allen Christen hat entdecken lassen, die das Neue Testament als authentische Artikulation der verbindlichen Offenbarung Gottes und die Kirche als den ebenso verbindlichen Lebensraum des Wortes Gottes zugleich wahrnehmen und anerkennen. Über diese wegweisende Erkenntnis Schliers hat Papst Benedikt XVI. mit Recht geurteilt: „Der Versuch des Staates, das lutherische Christentum in ein deutsches Christentum umzuwandeln und es dadurch für den Totalitarismus der Partei nutzbar zu machen, hatte ihm wie vielen seiner Weggefährten die Augen dafür geöffnet, dass Theologie entweder in und aus der Kirche ist oder nicht ist", ja „dass die Bindung an die Kirche die Freiheit der Theologie ist".[45]

Der Vortrag Schliers ist nicht nur ein beeindruckendes Dokument des kirchlichen Widerstandes gegen die nationalsozialistische Ideologie und gegen die Anpassung der Theologie an diese; er hält vielmehr auch die notwendige Frage nach der Reinheit der historisch-kritischen Exegese wach. Gerade die Exegese Rudolf Bultmanns hat es an den Tag gebracht, dass es die reine Objektivität der historischen Methode nicht gibt und dass folglich die Rückfrage nach dem jeweilgen hermeneutischen Vorverständnis, von dem sie geleitet ist, nie tabuisiert oder abgewiesen werden kann. Vielmehr ist auch die historisch-kritische Exegese immer wieder nach dem sie leitenden philosophischen Vorverständnis zu befragen. Denn darin besteht das theologische Problem der historischen Exegese, und folglich stellt der heutige Disput um die Angemessenheit der exegetischen Methoden kein rein innerexegetisches Problem dar, sondern auch und vor allem „ein wesentlich philosophisches und daher auch systematisch-theologisches Problem".[46]

3.7 Wissenschaftliche Schriftauslegung und lectio divina

Damit ist bereits die zweite Grundspannung ins Blickfeld getreten, die eng mit der ersten zusammenhängt und ebenfalls im Artikel 12 der Offenbarungskonstitution verortet ist. In diesem Artikel wird auf der einen Seite die Notwendigkeit der historisch-kritischen Methode, deren wesentlichen Elemente kurz beschrieben werden, bestätigt und aus der Tatsache abgeleitet, dass die in der Heiligen Schrift bezeugte Heilsgeschichte Gottes mit den Menschen wirklich Geschichte und nicht Mythologie ist und deshalb mit den Methoden einer ernsthaften Geschichtswissenschaft betrachtet werden muss: „Da Gott in der Heiligen Schrift durch Menschen nach Menschenart gesprochen hat, muss der Schrifterklärer, um zu erfassen, was Gott uns mitteilen wollte, sorgfältig erforschen, was die heiligen Schriftsteller wirklich zu sagen beabsichtigten und was Gott mit ihren Worten kundtun wollte."[47]

Auf der anderen Seite fordert die Offenbarungskonstitution aber auch eine theologische Schriftauslegung, die von der Einheit der ganzen Schrift ausgeht. Dies bedeutet konkret, dass jeder biblische Text in seiner Beziehung zum Ganzen der Heiligen Schrift bis hin zur Ur-Einheit von Altem und Neuem Testament gelesen werden muss. Damit ist jene Methode anvisiert, die man heute als „kanonische Exegese" zu bezeichnen pflegt, die aber im

Kern bereits bei Johann Sebastian Drey, dem Begründer der Katholischen Tübinger Schule im 19. Jahrhundert, greifbar ist: „Die Auslegung geschieht zwar immer zunächst an einzelnen Stellen, ihr Ziel aber ist das Verständnis des Ganzen … Ein solches Ganzes ist zuvörderst der einzelne Abschnitt eines Buches, sodann dieses selbst, weiter die sämmtlichen Schriften eines biblischen Schriftstellers, zuletzt das Ganze der Bibel selbst als Kanon. Man sieht, wie der Kanon selbst hier als eine nothwendige Idee eintritt."[48]

Dort, wo sich beide methodologischen Arten, die Heilige Schrift zu lesen, ergänzen und sich gegenseitig herausfordern, wird der Reichtum der biblischen Botschaft keineswegs geschmälert, sondern profiliert. Dort hingegen, wo sich beide Weisen nicht mehr gegenseitig befruchten, öffnet sich ein tiefer Graben zwischen der geschichtlichen und der theologischen Auslegung der Heiligen Schrift, der ein großes pastorales Problem darstellt, das sich nicht nur in der oft beklagten Ratlosigkeit bei der Vorbereitung von Homilien anzeigt, sondern auch in der Schwierigkeit eines unbefangenen Zugangs zur *lectio divina* im Sinne der geistlichen Schriftlesung. Von daher kann es nicht erstaunen, dass sich die Forderung, beide Arten der Schriftauslegung müssten wieder näher zusammenrücken, wie ein roter Faden durch das Apostolische Schreiben Benedikts XVI. über das Wort Gottes zieht, und dass der Papst selbst diese Forderung in seinen beiden Jesus-Büchern in exemplarischer Weise eingelöst hat.[49] Denn es ist für das Leben und die Sendung der Kirche von grundlegender Bedeutung, den gefährlichen Dualismus zwischen Exegese und Theologie zu überwinden und dazu beide von der Offenbarungskonstitution geforderten Arten der Schriftauslegung gleichermaßen ernst zu nehmen: „Wo die Exegese nicht Theologie ist, kann die Heilige Schrift nicht die Seele der Theologie sein und umgekehrt, wo die Theologie nicht wesentlich Auslegung der Schrift in der Kirche ist, hat die Theologie kein Fundament mehr."[50]

Diesem Problem muss noch näher auf den Grund gegangen werden.[51] Es liegt in der Methodik der historisch-kritischen Exegese begründet, dass sie die Heilige Schrift als ein Buch der

Vergangenheit betrachtet und dementsprechend von vergangenen Ereignissen und Deutungen handelt. Gottes Wort erscheint dann vornehmlich als ein Wort der Vergangenheit, das man historisch interpretieren muss. Diese Arbeit ist unerlässlich und für das Verständnis der Heiligen Schrift notwendig, weil es dem glaubenden Menschen ein inneres Anliegen sein muss, genau hinzuhören, was der Text wirklich sagt, um ihn als solchen verstehen zu können. Dort hingegen, wo die historisch-kritische Exegese als alleiniger Zugang zur Heiligen Schrift verabsolutiert wird, entsteht jenes Problem, das Papst Benedikt XVI. bereits in einem früheren Aufsatz dahingehend zugespitzt hat: „Das Wort bloß ins Vergangene einhausen heißt, die Bibel als Bibel leugnen. Tatsächlich führt eine solche bloß historische, bloß auf das Gewesene bedachte Auslegung mit innerer Konsequenz zur Leugnung des Kanon und insofern zur Bestreitung der Bibel als Bibel."[52]

Den Kanon als Kanon wirklich annehmen, bedeutet deshalb, das Wort Gottes über seinen historischen Augenblick hinaus zu lesen und das Volk Gottes als den eigentlichen Autor in den verschiedenen Autoren wahrzunehmen. Insofern begegnen wir dem Wort Gottes nicht nur als einem in der Vergangenheit ergangenen Wort, sondern als Wort, das Gott durch Menschen einer vergangenen Zeit den Menschen aller Zeiten als gegenwärtiges Wort schenkt. Die Kirchenväter pflegten deshalb die Heilige Schrift als geistliches Eden zu betrachten, in dem man mit Gott spazieren und die Schönheit und Harmonie seines Heilsplans bewundern kann. Dazu lädt die *lectio divina* ein, in der sich der Christ dem im Wort der Heiligen Schrift gegenwärtigen Zuspruch und Anspruch Gottes unmittelbar aussetzt, in den Worten der Heiligen Schrift dem Wort Gottes selbst begegnet und damit im elementarsten Sinn Theologie betreibt. Denn bei aller notwendigen kognitiven Anstrengung ist die Begegnung mit der Heiligen Schrift immer auch ein geistliches Geschehen und damit wirkliche Begegnung mit dem „Wort des lebendigen Gottes".[53]

Hier leuchtet der tiefste Grund auf, dass bereits Dionysius der Areopagite im 5. Jahrhundert die Verfasser der biblischen

Schriften selbst als „Theologen" im strengen Sinn des Wortes bezeichnet hat. Denn sie sind Menschen gewesen, die nicht aus ihrem Eigenen heraus geredet, sondern sich Gott so geöffnet haben, dass er selbst durch ihr Wort zu den Menschen sprechen kann. In einem ähnlichen Sinn verdienen auch heute getaufte Menschen umso mehr die Ehrenbezeichnung „Theologen", als in ihrem Menschenwort Gottes Wort durchklingen kann. Dies bedeutet, dass der Theologe zunächst ein hörender und deshalb glaubender und deshalb betender Mensch sein muss, der Gott reden lässt und ihm zuhört, um aus diesem Schweigen heraus glaubwürdig von Gott reden zu können Dies ist aber nur möglich, wenn wir dem Wort Gottes in der Heiligen Schrift nicht nur als einem Wort der Vergangenheit begegnen, mit dem man sich intellektuell beschäftigen kann, sondern auch und vor allem als Wort der Gegenwart, das in unser Leben hineinspricht und unser Herz berührt. Nur wer als Theologe gegenüber dem Wort Gottes gehorsam ist und nicht einfach den Beifall der Leute sucht, kann Überbringer der Wahrheit Gottes sein und so im Dienst der Neuevangelisierung stehen

3.8 Zentralität des Wortes Gottes in der Kirche

Die Theologie ist folglich erst in ihrem Element, wenn sie nicht nur intellektuelle Kenntnisse, sondern einen intelligenten Glauben selbst vermittelt, „so dass Glaube Intelligenz und Intelligenz Glaube" wird.[54] Diese Brückenbau-Funktion zwischen Vernunft und Glaube muss die Theologie in der heutigen kirchlichen Situation gerade im Blick auf die Neuevangelisierung mit besonderem Ernst wahrnehmen, da vielen Getauften in der Zwischenzeit nicht nur die Glaubenssprache der Kirche, sondern auch die Welt der Bibel noch mehr fremd geworden ist. Walter Kirchschläger hat mit Recht die Diagnose gestellt, „dass das allgemeine Bibelverständnis der Getauften sich trotz der zahlreichen unternommenen Bemühungen nicht in dem Umfang entwickelt hat, wie zur Zeit des Konzils gehofft wurde",[55] dessen wichtiges Anliegen es gerade in der von ihm angestoßenen Liturgiereform gewesen ist, den Gläubigen den Tisch des Wortes reicher zu decken. Hinzu kommt, dass die Popularisierung von Ergebnissen der historisch-kritischen Exegese bei nicht wenigen Gläubigen den Eindruck hinterlässt, dass eigentlich nur Experten die Heilige Schrift wirklich verstehen können.

Angesichts dieser großen Herausforderung ist bibelpastorale Arbeit in der Kirche nicht Kür, sondern Pflicht. Dazu gehört nicht nur die Entfaltung einer tragfähigen Theologie des Wortes Gottes, wie sie der emeritierte Würzburger Bischof Paul-Werner Scheele inzwischen vorgelegt hat,[56] sondern auch die Erkundung neuer Zugangswege zum Wort Gottes in der Heiligen Schrift, damit es den Menschen nicht nur als Wort aus der Vergangenheit begegnet, sondern auch und vor allem als ein Wort der Gegenwart, in dem Christus selbst zum Menschen heute spricht. Denn Christus ist das lebendige Wort Gottes und legt sich selbst gleichsam in den Wörtern der Heiligen Schrift aus. Die Frage, wie die Heilige Schrift zu lesen ist, und die Christusfrage hängen insofern unlösbar zusammen, wie dies Hieronymus, der große Exeget in der Kirchenväterzeit, mit der prägnanten Formel zum Ausdruck gebracht hat: „Wer die Schriften nicht kennt, kennt weder die Macht Gottes noch seine Weisheit. Die Schrift nicht kennen heißt Christus nicht kennen."[57]

Um Christus zu kennen, muss man sich mit der Heiligen Schrift abgeben und sich mit ihr vertraut machen. Und umgekehrt bleibt ohne persönliche Begegnung mit Christus auch das heilige Papier der Schrift profan und geduldig. Es beginnt nur zu sprechen, wenn man in einer Freundschaftsbeziehung zu Christus in der Glaubensgemeinschaft der Kirche lebt. Im Hören des Wortes Gottes liegt deshalb auch eine große Kraft für die ökumenische Wiedervereinigung der Christen. Da die große Kirchenspaltung im Westen des 16. Jahrhunderts mit einer kontroversen Lektüre des Wortes Gottes, vor allem hinsichtlich des Verhältnisses zwischen Heiliger Schrift und kirchlicher Überlieferung, begonnen und „in gewissem Sinn bis in die Bibel selbst hinein" gereicht hat,[58] wird ihre Überwindung nur auf dem Weg einer gemeinsamen Lektüre der Heiligen Schrift möglich wer-

den, die sich als willkommener Ausgangspunkt anbietet, „um
mit den unterschiedlichen konfessionellen Zugangsweisen zur
Bibel umgehen zu lernen".[59] Das gemeinsame Hören auf das
Wort Gottes ist unabdingbar, um die Einheit im Glauben wieder zu finden und den Menschen heute einen Zugang zur Heiligen Schrift freilegen zu können.

In der Tat werden die Menschen in der Heiligen Schrift letztlich nur das finden, was sie in ihr suchen: Wenn sie in ihr nichts
suchen, werden sie in ihr auch nichts finden. Wenn sie in ihr nur
nach historischen Gegebenheiten suchen, werden sie auch nur
Historisches finden. Wenn sie in ihr Gott suchen, werden sie
ihn finden, wie der Dichter Heinrich Heine mit Recht festgestellt hat, dem nochmals das Wort gegeben sei: „Mit Fug nennt
man diese (sc. die Bibel) auch die Heilige Schrift; wer seinen
Gott verloren hat, der kann ihn in diesem Buche wieder finden,
und wer ihn nie gekannt, dem weht hier entgegen der Odem
des göttlichen Wortes."[60] Diesen Odem des göttlichen Wortes
erfahrbar zu machen ist denn auch das innerste Anliegen der
Neuevangelisierung.

4. Verkündigungsauftrag des geweihten Amtes in der Kirche

Es ist ein schönes zeitliches wie sachliches Zusammentreffen,
dass mit der Veröffentlichung des Apostolischen Schreibens von
Papst Benedikt XVI. über das Wort Gottes zugleich der zwölfte
Band der *Gesammelten Schriften* von Joseph Ratzinger erschienen ist, in dem unter dem Titel „Künder des Wortes und Diener
eurer Freude" seine Beiträge zu Theologie und Spiritualität des
Weihesakramentes aufgenommen sind, die, wie der Titel anzeigt, ganz auf den Verkündigungsauftrag des geweihten Amtes
in der Kirche konzentriert sind. In einem Text aus dem Jahre
1983 gibt der damalige Kardinal Joseph Ratzinger all jenen, die
viel Exegese studieren und Gottes Wort nach allen Seiten re-

flektieren, den folgenden Rat, dem nachzudenken das Ziel der folgenden Überlegungen ist: „Damit sein Lichtstrahl wirklich ‚reflektiert', d.h. leuchtend zurückgegeben wird, genügt das Bedenken seiner historischen Genese nicht (so wertvoll es ist); es muss jene marianische Tiefe der Reflexion erreicht werden, von der Lukas berichtet, wenn er sagt, dass Maria all diese Worte in ihrem Herzen aufbewahrte und sie miteinander ins Gespräch brachte (2,19): Das Wort muss ins Herz dringen, es muss festgehalten und es muss zum Verstehen geführt werden, in dem das Einzelne aus dem Ganzen, das Ganze im Einzelnen gehört und gesehen wird."[61] Damit ist das Fundament gelegt, um uns nun explizit dem kirchlichen Verkündigungsauftrag zuzuwenden, der nach katholischer Überzeugung dem geweihten Amt des Bischofs und des Priesters in besonderer Weise anvertraut ist.

4.1 Bischof und Priester als Zeugen des Wortes Gottes

„Bist du bereit, in der Verkündigung des Evangeliums und in der Darlegung des katholischen Glaubens den Dienst am Wort Gottes treu und gewissenhaft zu erfüllen?" Dies ist eine der ersten Fragen, die der Bischof in der Liturgie der Priesterweihe bei der Entgegennahme der Versprechen an die Weihekandidaten stellt. Diese Frage zeigt, dass der Dienst am Wort Gottes eine besondere Priorität in der priesterlichen Sendung hat und haben muss. Noch deutlicher wird dies in der Liturgie der Bischofsweihe sichtbar, in der dem Weihekandidaten während der Weihepräfation das Evangelienbuch auf den Kopf gelegt wird, gleichsam als Last, die er zu tragen hat: „Der so Beladene wird zum Lastträger Gottes, zum Träger seines lebendigen Wortes Jesus Christus bestimmt."[62] Durch die Weihe wird der Bischof zu Christophorus, zum Christus-Träger. Mit dieser sinnenfälligen liturgischen Geste kommt genauerhin ein Dreifaches zum Ausdruck.

4.1.1 Treuhänder des Wortes Gottes

Indem das Evangelienbuch auf den Kopf des Weihekandidaten gelegt wird, wird er von ihm gleichsam verdeckt und verschwindet sein eigenes Gesicht unter dem Wort, das auf ihn gelegt wird. Dies ist ein sprechendes Zeichen dafür, dass der Geweihte bei der Verkündigung des Wortes Gottes nicht in seinem eigenen Namen und Auftrag handeln kann, sondern nur im Namen und Auftrag eines Anderen, nämlich als Treuhänder des Wortes Jesu Christi, der selbst das endgültige Wort ist. Priester und Bischof sind nicht geweiht, um ihre eigenen Meinungen, Einsichten und Visionen vorzutragen, sondern um das Wort Gottes zu verkünden. Das Priesterdekret des Zweiten Vatikanischen Konzils hebt deshalb mit Recht hervor: „Niemals sollen sie (sc. die Priester) ihre eigenen Gedanken vortragen, sondern immer Gottes Wort lehren und alle eindringlich zur Umkehr und zur Heiligung bewegen."[63]

Solches Zurücktreten der eigenen Person hinter den Verkündigungsauftrag kann glaubwürdig nur gelingen, wenn Bischof und Priester in ihrer Verkündigung zu erkennen geben, dass sie gerade nicht von sich selbst reden und auch nicht einfach die Theorien und Hypothesen des zuletzt gelesenen Artikels den Menschen zumuten, ohne sie vorgängig selbst verdaut zu haben. Bischof und Priester sind vielmehr verpflichtet, sich selbst zurückzunehmen und sich in den Dienst der Verkündigung des Wortes Gottes zu stellen. Sie stehen ganz und gar in seinem Auftrag, freilich nicht in der Gestalt eines Telegrammboten, der fremde Worte einfach getreulich weiterleitet, ohne dass sie ihn betreffen würden. Es zeichnet ja den getreuen Telegrammboten aus, dass er vom Inhalt des Textes nicht neugierig Kenntnis nimmt. Um eine ganze Welt verschieden aber sind Bischof und Priester, die das Wort Gottes persönlich weitergeben und deshalb sich selbst so aneignen müssen, dass es ihr eigenes Wort wird. Die Botschaft des Evangeliums verlangt „nicht einen Fernschreiber, sondern einen Zeugen".[64] Und Zeugen sind daran zu erkennen, dass sie selbst am Heiligen Feuer leben und nicht nur davon erzählen, dass es eines gibt.

Der Verkündigungsauftrag des Bischofs und des Priesters setzt die existenzielle Selbstenteignung des Verkündigers voraus, der darum weiß, dass er stets hinter dem zurückbleibt, den er ankündet, und deshalb mit Johannes dem Täufer bekennt: „Ich taufe euch nur mit Wasser zum Zeichen der Umkehr. Der aber, der nach mir kommt, ist stärker als ich, und ich bin es nicht wert, ihm die Schuhe auszuziehen. Er wird euch mit Heiligem Geist und mit Feuer taufen" (Mt 3,11). Johannes der Täufer, der ganz auf den hinweist, der im Kommen ist, muss stets das Leitbild des Bischofs und des Priesters sein; und sie müssen am Täufer Maß nehmen. Ihm hat der Maler Matthias Grünewald ein sprechendes Ehrendenkmal gestiftet, das Bischof und Priester stets vor Augen haben sollten. Im Zentrum des weltbekannten spätgotischen Isenheimer Flügelaltars in Colmar steht das Kreuz Jesu Christi vor einer dunklen und leeren Landschaft. Zur Rechten des Kreuzes ist die mächtige Gestalt des Täufers Johannes dargestellt. Mit ausgestreckter Hand, deren Zeigefinger expressiv verlängert ist, weist er hin auf den Gekreuzigten. Auf dem Hintergrund hat der Maler in lateinischer Sprache ein wichtiges Wort des Täufers aus dem Johannesevangelium hingeschrieben, das das Bild deutet: „Er muss wachsen, ich aber muss kleiner werden" (Joh 3,30). Der Täufer ist ganz auf den Schmerzensmann am Kreuz konzentriert und doch zugleich dem Blick des Beschauers zugewandt, gleichsam als wolle er alle betrachtenden Blicke sammeln und in die Richtung seines Zeigefingers lenken: „Dieser ist es!" Diese Gebärde des Wegweisens von der eigenen Person und des Hinweisens auf den Kommenden ist zum verdichtenden Symbol des Lebens des Täufers geworden. Im buchstäblichen Sinn des Wortes ist der Täufer ein vor-läufiger Mensch gewesen, genauerhin ein Mensch, der darum weiß, dass er stets hinter dem zurückbleibt, auf den er hinweist und dem er vorausläuft. Sein ganzes Leben ist letztlich nichts anderes gewesen als ein lebender Zeigefinger auf Jesus Christus hin, der im Kommen ist.

Johannes der Täufer hat – wie jeder echte Zeuge – „seine Identität – paradoxerweise – in der Nichtidentität, im Verweis-Sein auf das hin, was er selbst nicht ist".[65] Darin ist er die Vorausdarstellung und der Prototyp des priesterlichen und bischöflichen Dienstes in der Kirche, worauf der heilige Augustinus mit Recht hingewiesen hat. Er ging dabei von der sensiblen Beobachtung aus, dass im Neuen Testament Johannes der Täufer als „Stimme" bezeichnet, währenddem Christus das „Wort" genannt wird. Mit diesem Verhältnis von Wort und Stimme verdeutlicht Augustinus sodann das Wesen des priesterlichen Dienstes: Wie das Wort, bevor es durch die Stimme sinnlich vernehmbar werden kann, bereits im Herzen und in den Gedanken des Menschen, der es spricht, lebt, so besteht die schöne Aufgabe des Verkünders darin, sinnlich-lebendige Stimme für das vorgängige Wort Gottes zu sein. Dabei ist auch die Beobachtung von entscheidender Bedeutung, dass der sinnliche Klang, nämlich die Stimme, die das Wort von einem Menschen zu einem anderen trägt, vorübergeht, währenddem das Wort bleibt. Die menschliche Stimme hat keinen anderen Sinn als den, das Wort zu vermitteln; danach kann und muss sie wieder zurücktreten und verstummen, damit das Wort im Mittelpunkt bleibt.

Aus diesen Beobachtungen schließt der heilige Augustinus, dass der Priester wie der Täufer ein reiner Vorläufer sein muss und nur so wirklich Diener am Wort sein kann. Wie Johannes nie auf sich gezeigt, sondern stets von sich weg gewiesen und allein auf den kommenden Christus hingewiesen hat, so haben auch Bischof und Priester keine andere Aufgabe als die, lebendiger und sprechender Fingerzeig auf Christus hin zu sein, der das Wort schlechthin ist. Sie sind verpflichtet, sich selbst als Stimme Christi zur Verfügung zu stellen, um so seinem Wort Raum zu geben und das Leben dafür zu investieren, dass „Christus in allem den Vorrang" (Kol 1,18) hat. Denn letztlich geht es nicht um die Stimme, sondern um das Wort.

Dies gilt zumal, wenn Bischof und Priester in ihrem amtlichen Auftrag nicht mit ihrem eigenen Ich, sondern mit dem „Ich" Christi sprechen. Dies vollziehen sie vor allem im sakramentalen Leben der Kirche. Denn das Wort, das sie zu verkünden haben, ist ein sakramentales Wort. Wie der Logos selbst Fleisch geworden ist, so will auch Gottes Wort sinnlich erfahren werden in den Sakramenten, zuhöchst in der Feier der Eucharistie, die die Mitte des bischöflichen und priesterlichen Dienstes ist. Auch und gerade im sakramentalen Dienst sind Bischof und Priester Verkünder des Wortes Gottes, freilich eines wirksamen Wortes, das genau das bewirkt, was es besagt.

4.1.2 Bergendes Dach des Wortes Gottes

Von daher leuchtet die zweite und noch grundlegendere Bedeutung der liturgischen Geste des Auflegens des Evangelienbuches auf den Kopf des Weihekandidaten auf. Bisher haben wir bedacht, dass das Evangelienbuch das Gesicht des zu Weihenden verdeckt. Jetzt wollen wir die Aufmerksamkeit darauf lenken, dass das Evangelienbuch den zu Weihenden auch deckt und für ihn gleichsam ein Dach der Obhut und des Schutzes ist. Das Wort Gottes wird in der Heiligen Schrift nicht zufälligerweise als Helm des Heils bezeichnet. Die Symbolik des aufgelegten Evangelienbuches setzt sich beim Bischof deshalb fort im Zeichen der Mitra, die mit ihren zwei Hörnern die Heiligen Schriften des Alten und Neuen Bundes darstellt und so verkündet, dass die ganze Kirche unter dem Dach des Wortes Gottes Zuflucht und Geborgenheit finden kann.

Bischof und Priester müssen in ihrem Verkündigungsdienst immer wieder Schutz unter dem Wort Gottes suchen. Denn sie können das Wort Gottes nur zu den Menschen tragen, wenn sie selbst zunächst Adressaten des Wortes Gottes sind und es sich in ihrem persönlichen Leben aneignen. Diener des Wortes können Bischof und Priester nur sein, wenn sie sich selbst immer wieder vom Wort Gottes betreffen und gleichsam bewohnen lassen, und zwar nicht allein von einem Wort, das aus der Vergangenheit her auf sie zukommt, sondern auch und vor allem von einem Wort, das Gott auch unserer Gegenwart schenkt. An dieser Stelle wird nochmals deutlich, dass sich historisch-kritische Schrifterklärung und theologische Schriftauslegung gerade bei der Verkündigungsaufgabe des Bischofs und des Priesters gegenseitig befruchten müssen, um jener doppelten Gefahr zu entkommen, die der große mittelalterliche Theologe Hugo von St. Viktor, den man als den „zweiten Augustinus" bezeichnet hat, namhaft gemacht hat: Auf der einen Seite können sich Bischöfe und Priester nicht wie Gelehrte in Grammatik benehmen, die das Alphabet nicht kennen. Auf der anderen Seite können sie sich aber auch nicht nur mit dem Alphabet beschäftigen und dabei die schöne Harmonie der Grammatik aus den Augen verlieren. Sie können das Wort Gottes nicht einfach neugierig zur Kenntnis nehmen, sie müssen es vielmehr verdauen und sich selbst so aneignen, dass es ihr persönliches Wort werden kann. Nur so können sie es persönlich weitergeben und zu den Menschen tragen.

Die Ikone, die der Glaube dem Bischof und dem Priester für ihren Umgang mit dem Wort Gottes bleibend vor Augen stellt, ist Maria, die das Wort Gottes zunächst in sich aufgenommen hat, um es der Welt schenken zu können, und die auch nach der Geburt des Wortes Gottes jedes Wort, das von Gott kommt, in ihrem Herzen erwogen hat. Vor allem der Evangelist Lukas zeichnet Maria als einen Menschen, der für das Wort Gottes ganz Ohr ist. So heißt es bei der Verkündigung der Geburt Jesu, dass Maria über den Gruß des Engels erschrak und „überlegte, was dieser Gruß zu bedeuten habe" (Lk 1,29). Maria tritt mit dem Wort Gottes, das ihr entgegenkommt, in persönliche und intime Zwiesprache ein, sie führt mit ihm einen stillen Dialog, um den tieferen Sinn dieses Wortes zu ergründen. Ähnlich verhält sich Maria in der Weihnachtsgeschichte nach der Anbetung des Kindes in der Krippe durch die Hirten, wie Lukas vermerkt: „Maria bewahrte alles, was geschehen war, in ihrem Herzen und dachte darüber nach" (Lk 2,19). Im Weihnachtsereignis nimmt Maria ein „Wort" wahr, das deshalb von einem tiefen Sinn erfüllt ist, weil es vom Sinn stiftenden Handeln Gottes her kommt. Maria übersetzt damit das Ereignis in das Wort und vertieft sich in das Wort, so dass es im Erdreich ihres Herzens Same werden kann. Ein drittes Mal ruft der Evangelist Lukas dieses Bildwort in Erinnerung bei der Szene des zwölfjährigen Jesus im Tempel: „Seine Mutter bewahrte alles, was geschehen war, in ihrem Herzen" (Lk 2,50). Ihre ganze Brisanz erhält diese Bemerkung freilich erst vom voraufgehenden Satz her: „Sie verstanden nicht, was er damit sagen wollte." Lukas will damit zum Ausdruck bringen, dass Gottes Wort selbst für den glaubenden und deshalb ganz für Gott geöffneten Menschen nicht immer sofort verständlich ist. Es braucht deshalb Demut und Geduld, mit der Maria das zunächst Unverstandene in ihr Herz hinein nimmt und es wirken lässt, um es innerlich verarbeiten zu können.

In diesen drei Szenen wird sichtbar, dass Maria im Wort Gottes ganz daheim und von ihm zuinnerst durchpulst gewesen ist, so dass sie auch Mutter des Fleisch gewordenen Wortes Gottes werden konnte. Maria als Urbild von Kirche zeigt deshalb auch, welchen Umgang Bischof und Priester mit dem Wort Gottes pflegen sollen. Sie können das Wort Gottes nur zu den Menschen tragen und es im Lebensraum der Kirche verkünden, wenn sie sich seinem Zu- und Anspruch auch persönlich aussetzen. Als besonders geeignet empfiehlt sich gerade dem Bischof und dem Priester die alte und auch heute gültige Tradition der lectio divina, mit der das Hören des Wortes zu einer lebendigen Begegnung mit Jesus Christus im pastoralen Alltag werden kann. Die *lectio divina* will helfen, im biblischen Text das lebendige Wort zu erfassen, das Fragen an uns stellt und unser Leben verwandelt.

4.1.3 Vorgängigkeit des Wortes

Indem Bischof und Priester das Wort Gottes in ihrer eigenen Existenz wirken lassen, bringen sie ihre Glaubensüberzeugung zum Ausdruck, dass es nicht um ihr eigenes Wort geht, sondern um jenes Wort, das ihnen vorausgeht. Erst damit kommt der Ernstfall an den Tag, der mit dem Auflegen des Evangelienbuches auf den Kopf des zu Weihenden in der Bischofsweihe impliziert ist. Mit diesem liturgischen Akt wird eine grundlegende Eigenschaft und Eigenheit des Verkünders sichtbar, die ihn in charakteristischer Weise von jedem anderen denkenden Menschen unterscheidet.

Es zeichnet den denkenden Menschen aus, dass bei ihm der Gedanke dem Wort vorausgeht. Denn Menschen, die sich selbst zuerst reden gehört haben müssen, um zu wissen, was sie denken sollen, pflegen wir nicht als besonders intelligent oder gar weise zu bezeichnen. Beim Verkünder des Wortes Gottes verhält es sich jedoch ganz anders. Bei jedem Verkünder, der sich selbst recht versteht, geht das Wort seinem Denken immer voraus, freilich nicht sein eigenes Wort, sondern das Wort Gottes, das auf ihn zukommt und das er zunächst empfangen und annehmen muss. Denn der Verkünder kann das Wort Gottes nicht er-finden; er kann es nur finden oder besser: sich von ihm finden lassen. Der Verkünder kann das Wort Gottes nicht er-zeugen; er kann es vielmehr nur be-zeugen, und zwar nicht nur mit Worten, sondern mit dem eigenen Leben. Und der Verkünder kann schließlich das Wort Gottes nicht her-stellen; er kann es vielmehr nur dar-stellen, und zwar in einer redlichen Art und Weise. Da das Wort Gottes dem Denken des Menschen immer vorausgeht, ist das Denken des Verkünders im besten Sinne des Wortes nachdenkendes und nachdenkliches Denken. Darin nahm der Philosoph Martin Heidegger die „Frömmigkeit des Denkens" wahr, die natürlich dem Verkünder des Wortes Gottes zumindest so sehr ansteht wie dem Philosophen.

Wer als Verkünder um die Herkunft des Wortes weiß, steht auch weniger in der Gefahr, das Ziel seines Auftrags aus dem Auge zu verlieren. Dieses besteht, wie die östliche Tradition des Christentums vielleicht noch besser als die westliche weiß, in der Doxologie, im lobpreisenden Reden zu Gott. Wie es in einer zwischenmenschlichen Beziehung bereits Anzeichen einer tiefen Krise ist, wenn die beiden Partner nur noch übereinander und nicht mehr miteinander sprechen, so wird auch das verkündigende Reden von Gott erst mündig – im Doppelsinn dieses Wortes – im Reden zu Gott und im liturgischen Lobpreis des dreifaltigen Gottes. Wenn diese Mündung der Verkündigung nicht mehr bewusst ist, kann jene gefährliche Dynamik eintreten, die der Soziologe Franz-Xaver Kaufmann so umschrieben hat: „An die Stelle der Rede zu Gott trat die Rede von Gott, dann die Rede über Gott und bald nur noch die Rede von der Rede über Gott – die Rede über Theologie oder Reflexion."[66] Dann aber dreht sich alles im Kreis, der nur aufgebrochen werden kann, wenn das Reden zu Gott als der Ernstfall des Glaubens und die Gebetsverträglichkeit als entscheidendes Kriterium der Verkündigung wahrgenommen wird. Nimmt man diesen Primat der Doxologie ernst, dann kann, wie der reformierte Exeget Oscar Cullmann mit Recht hervorgehoben hat, die entscheidende Frage nicht heißen, welchen Ort das Gebet in der Verkündigung hat, sondern welchen Ort die Verkündigung im Gebet einnimmt.[67]

Wird das Gebet als Purgatorium der Verkündigung in dem Sinne verstanden, dass letztlich nur das als wahr erkannt werden kann, was zuerst im Gebet vor Gott ausgesprochen werden kann, dann kann die Verkündigung des Wortes Gottes nur von Menschen vollzogen werden, die den Glauben, den sie verkünden, selbst auch teilen und leben. Denn zur Nachfolge Jesu, der das Wort Gottes in Person ist, anleiten kann nur derjenige, der selbst in dieser Nachfolge geht. Sonst wären Verkünder des Wortes Gottes, wie Augustinus einmal hellsichtig gemeint hat, mit Wegweisern zu vergleichen, die bekanntlich den Weg zeigen, ihn aber selbst nicht gehen.

Damit leuchtet auch der existenzielle Ernstfall des Verkünders des Wortes Gottes auf. Den Menschen, die ihm in seiner Verkündigung anvertraut sind, kann er das Wort Gottes nur zumuten, wenn er es sich selbst zumutet, und zwar auch und gerade dann, wenn es als schwer verdaubar erscheint. Dieses Empfinden hatten freilich bereits die Jünger Jesu, die angesichts seiner Verkündigung in eine existenziell tief gehende Krise geraten sind. Nach der großen Rede Jesu über das Himmelsbrot in Kafarnaum hatten selbst die Jünger den Eindruck, dass seine Worte hart sind: „Was er sagt, ist unerträglich. Wer kann das anhören?" (Joh 6,60). Jesus aber unternahm nicht den leisesten Versuch – und er macht ihn auch heute nicht –, die enttäuschten Jünger in, wie es heute gerne heißt, kundenfreundlicherer Art und Weise mit dem Angebot einer bequemeren Auslegung des

Wortes Gottes bei sich zu behalten. Er stellte im Gegenteil seinen Jüngern nur eine, aber alles entscheidende Frage: „Wollt auch ihr weggehen?" In diesem Moment spürte Petrus aber den hohen Anspruch Jesu, dass in seiner Nachfolge stehen nicht einfach eine billige Beikost zum Alltag ist, die nichts kostet, dass Jesus vielmehr eine kostbare Nachfolge erwartet; und Petrus antwortete: „Herr, zu wem sollten wir gehen? Du hast Worte des ewigen Lebens. Wir sind zum Glauben gekommen und haben erkannt: Du bist der Heilige Gottes" (Joh 6,68f.). Petrus war dessen inne geworden, dass es zum Evangelium Jesu Christi schlechterdings keine Alternative gibt.

4.2 Neue Evangelisierung im Dienst der Erneuerung der Kirche

Dieser Einsicht kann man auch in der Kirchengeschichte immer wieder begegnen. In krisenhaften Situationen hat sich die Kirche stets darauf zurückbesonnen, dass der Verkündigung des Wortes Gottes im Leben der Kirche der Primat zukommen muss. Denken wir nur an die beiden Gründer der Bettelorden, den heiligen Franziskus und den heiligen Dominikus. Beide wollten in erster Linie nicht neue Orden gründen, sondern die Kirche von Grund auf, nämlich vom Evangelium her erneuern. Sie wollten in der evangelischen Lebensform das Evangelium wörtlich leben, und zwar in Gemeinschaft mit der Kirche und dem Papst. Indem sie auf diese Weise das Volk Gottes von innen her erneuern konnten, haben sie der Kirche bleibend ins Stammbuch geschrieben, dass die echten Reformatoren der Kirche und der Gesellschaft die von Gottes Wort erleuchteten und geführten Heiligen sind.[68]

Oder denken wir an Carlo Borromeo, den großen Bischof von Mailand, der, als er seinen Bischofssitz in der lombardischen Metropole in Besitz nahm, eines der am weitesten verbreiteten und gravierendsten Versäumnisse des Klerus in der fehlenden Predigt diagnostizierte und seine primäre Sendung als Bischof in der apostolischen Verkündigung sah, genauerhin darin, „Zeugen zu sein, die Mysterien Christi zu verkünden, das Evangelium jedem Geschöpf zu predigen".[69] Carlo Borromeo, der selbst nach einem hingabebereiten Leben bereits mit 46 Jahren gestorben ist, hat denn auch darum gewusst, dass der Verkünder zunächst der Adressat des Wortes Gottes ist und sich selbst von ihm berühren lassen muss. Denn um den Zeugendienst am Wort Gottes wahrnehmen zu können, muss der Zeuge mit dem Wort Gottes, das er verkündet, innerlich vertraut sein. In diesem Geist konnte Borromäus beispielsweise seinen Priestern mit einem vierfachen *meditare* raten: „Wenn du die Sakramente spendest, bedenke, was du tust. Wenn du die Messe feierst, bedenke, was du darbringst; wenn du im Chor Psalmen betest, bedenke, zu wem und was du sagst; wenn du Seelen führst, bedenke, mit welchem Blut sie gewaschen sind."[70]

In dieser Tradition der kirchlichen Erneuerung, in der immer wieder der Primat des Wortes Gottes im Leben der Kirche zur Geltung gebracht wurde, steht auch das Zweite Vatikanische Konzil, das ebenfalls eine innere Erneuerung der Kirche zum Ziel hatte. Von daher kann es nicht erstaunen, dass dieses Konzil entschieden betont hat, dass unter den hauptsächlichen Ämtern des Bischofs[71] die Verkündigung des Wortes Gottes einen „hervorragenden Platz" hat: „Die Bischöfe sind Glaubensboten, die Christus neue Jünger zuführen; sie sind authentische, das heißt mit der Autorität Christi ausgerüstete Lehrer. Sie verkündigen dem ihnen anvertrauten Volk die Botschaft zum Glauben und zur Anwendung auf das sittliche Leben und erklären sie im Licht des Heiligen Geistes, indem sie aus dem Schatz der Offenbarung Neues und Altes vorbringen."[72] Das Konzil definiert den Bischof wie auch den Priester in erster Linie nicht von seinem sakramentalen Dienst, sondern von seinem Dienst am Wort Gottes her.

Seitdem das Zweite Vatikanische Konzil die herausragende Bedeutung des Wortes Gottes im Leben der Kirche und in der Sendung des Bischofs und des Priesters unterstrichen hat, sind die Päpste nicht müde geworden, die Verkündigung des Evangeliums erneut in die Mitte des kirchlichen Lebens zu stellen. In seinem großartigen, leider noch immer zu wenig beachteten Apostolischen Rundschreiben *Evangelii nuntiandi* aus dem Jahre

1975 hat Papst Paul VI. in der evangelisatorischen Wirksamkeit der Kirche ihre elementarste Identitätsbestimmung wahrgenommen: „Evangelisieren ist in der Tat die Gnade und eigentliche Berufung der Kirche, ihre tiefste Identität. Sie ist da, um zu evangelisieren."[73] Im Mittelpunkt dieses Schreibens steht dabei die Kategorie des Zeugnisses, und zwar in der sensiblen Wahrnehmung, dass der heutige Mensch keine Lehrer, sondern Zeugen braucht, und Lehrer nur insofern, als sie auch als Zeugen wahrgenommen werden können.

In seiner Nachfolge hat Papst Johannes Paul II. eine umfassende Neuevangelisierung als pastoralen Weg der Kirche in die Zukunft angeregt. Vor allem in seinem Apostolischen Schreiben *Novo millennio ineunte,* das er zum Abschluss des Heiligen Jahres 2000 verfasst und in dem er ein pastorales Programm für die Kirche am Beginn des Dritten Jahrtausends vorgelegt hat, hat er seine besondere Aufmerksamkeit dem Hören und Verkünden des Wortes Gottes gewidmet: „Das ist mit Sicherheit eine Priorität für die Kirche am Beginn des neuen Jahrtausends."[74]

Den Primat des Wortes Gottes im Leben der Kirche und in der Sendung des Bischofs und des Priesters in den Mittelpunkt zu rücken, ist vollends das zentrale Anliegen von Papst Benedikt XVI. Bereits in seiner ersten Homilie, die er in einer Primizfeier im Jahre 1954 gehalten hat, hob er die Predigt als erste und wichtigste Aufgabe des Priesters hervor.[75] Als er im Jahre 1977 zum Erzbischof von München und Freising geweiht worden ist, hat er als Wappenspruch das dem Dritten Johannesbrief entnommene Leitwort „Mitarbeiter der Wahrheit" gewählt. In seiner Homilie in der Messe zu seiner Amtseinführung als Papst hat er kein Regierungsprogramm im weltlichen Sinn vorgelegt, sondern eindringlich betont: „Das eigentliche Regierungsprogramm aber ist, nicht meinen Willen zu tun, nicht meine Ideen durchzusetzen, sondern gemeinsam mit der ganzen Kirche auf Wort und Wille des Herrn zu lauschen und mich von ihm führen zu lassen, damit er selbst die Kirche führe in dieser Stunde unserer Geschichte."[76] Mit der Gründung eines neuen Päpstlichen Rates zur Förderung der Neuevangelisierung und mit seiner Initiative „Vorhof der Heiden" hat Papst Benedikt XVI. sein Grundanliegen weiter konkretisiert und deutliche Akzente gesetzt.

Damit die Zentralität des Wortes Gottes in der Kirche zur Geltung kommen kann, müssen Bischof und Priester ihre primäre Aufgabe im Dienst der Verkündigung des Wortes Gottes erblicken und wahrnehmen. Als glaubwürdige Stimmen des Evangeliums können sich Bischof und Priester aber nur dann zur Verfügung stellen, wenn sie sich selbst immer wieder vom Wort Gottes treffen lassen und damit die Reihenfolge beachten, die Papst Johannes Paul II. dahingehend bestimmt hat: „Uns vom Wort nähren, um im Bemühen um die Evangelisierung Diener des Wortes zu sein."[77] Das Sich-Nähren-Lassen geht dem Evangelisieren voraus. Bischof und Priester sind zunächst immer „Hörer" des Wortes, weil sie nur so wirklich „Diener" des Wortes sein können. Das Hören des Wortes aber kommt nicht nur dem Verkünder des Wortes Gottes selbst zugute, sondern er schuldet es auch den Menschen, denen er das Wort Gottes verkündet, und zwar als „Wort des ewigen Lebens" (Joh 6,68).

Anmerkungen

Erster Teil:
Entweltlichung als Leitmotiv einer Kirchenreform

1   Vgl. den von J. Erbacher herausgegebenen Diskussionsband: Entweltlichung der Kirche? Die Freiburger Rede des Papstes (Freiburg i. Br. 2012).

2   Vgl. P. J. Kardinal Cordes, Helfer fallen nicht vom Himmel. Caritas und Spiritualität (Freiburg i. Br. 2008); P. Klasvogt / H. Pompey (Hrsg.), Liebe bewegt ... und verändert die Welt. Programmansage für eine Kirche, die liebt. Eine Antwort auf die Enzyklika Papst Benedikts XVI. „Deus caritas est" (Paderborn 2008); H. Pompey, Zur Neuprofilierung der caritativen Diakonie der Kirche. Die Enzyklika „Deus caritas est". Kommentar und Auswertung (Würzburg 2007).

3   J. Ratzinger - Benedikt XVI., Jesus von Nazareth. Zweiter Teil: Vom Einzug in Jerusalem bis zur Auferstehung (Freiburg i. Br. 2011) 150.

4   Benedetto XVI, Una giusta ermeneutica per leggere e recepire il Concilio come grande forza di rinnovamento della Chiesa. Ai Cardinali, agli Arcivescovi, ai Vescovi e ai Prelati della Curia Romana per la presentazione degli auguri natalizi il 22 dicembre 2005, in: Insegnamenti di Benedetto XVI I 2005 (Città del Vaticano 2006) 1018–1032, cit. 1023.

5   W. Kardinal Kasper, Kirche – in der Welt, nicht von der Welt, in: J. Erbacher (Hrsg.), Entweltlichung der Kirche. Die Freiburger Rede des Papstes (Freiburg i. Br. 2012) 34–37, zit. 36.

6   R. Bultmann, Das Evangelium des Johannes (Tübingen 1941 / 1986) 389.

7   W. Huber, Kirche in der Zeitenwende. Gesellschaftlicher Wandel und Erneuerung der Kirche (Gütersloh 1998) 31.

8   Ebda. 9–10.

9   Ebda. 39.

10 H. J. Pottmeyer, Die konziliare Vision einer neuen Kirchengestalt, in: Ch. Hennecke (Hrsg.), Kleine christliche Gemeinschaften verstehen. Ein Weg, Kirche mit den Menschen zu sein (Würzburg 2009) 31–46, zit. 37.

11 Gemeinsame Synode der Bistümer in der Bundesrepublik Deutschland. Offizielle Gesamtausgabe. Band I: Beschlüsse der Vollversammlung (Freiburg i. Br. 1976) 101.

12 J. Kardinal Ratzinger, 40 Jahre Konstitution über die Heilige Liturgie. Rückblick und Vorblick, in: Liturgisches Jahrbuch 53 (2003) 209–221, zit. 218.

13 J. Ratzinger, Die neuen Heiden und die Kirche, in: Ders., Das neue Volk Gottes. Entwürfe zur Ekklesiologie (Düsseldorf 1969) 325–338, zit. 332.

14 Ebda. 330.

15 J. Ratzinger, Glaube und Zukunft (München 1970) 124–125.

16 J. Kardinal Ratzinger, Christus und Kirche. Aktuelle Probleme der Theologie – Konsequenzen für die Katechese, in: Ders., Ein neues Lied für den Herrn. Christusglaube und Liturgie in der Gegenwart (Freiburg i. Br. 1995) 47–55, zit. 47.

17 Ebda. 50.

18 Th. Söding, In der Welt, nicht von der Welt. Das Kirchenbild der Freiburger Rede Papst Benedikts XVI. im Licht des Neuen Testaments, in: J. Erbacher (Hrsg.), Entweltlichung der Kirche? Die Freiburger Rede des Papstes (Freiburg i. Br. 2012) 61–75, zit.67.

19 Ad gentes, Nr. 9.

20 J. Ratzinger, Weltoffene Kirche? Überlegungen zur Struktur des Zweiten Vatikanischen Konzils, in: Ders., Das neue Volk Gottes. Entwürfe zur Ekklesiologie (Düsseldorf 1969) 282–301, zit. 300.

Zweiter Teil:
Von der Kunst, anders zu leben

1 Johannes Paul II., Redemptor hominis, 1.1.

2 J. Kardinal Ratzinger, Salz der Erde. Christentum und katholische Kirche an der Jahrtausendwende. Ein Gespräch mit Peter Seewald (Stuttgart 1996) 296.

3 Vgl. N. Postman, Wir amüsieren uns zu Tode. Urteilsbildung im Zeitalter der Unterhaltungsindustrie (Frankfurt a. M. 1985); D. Fassel, Wir arbeiten uns zu Tode. Die vielen Gesichter der Arbeitssucht (München 1991); U. Beck – E. Beck-Gernsheim, Das ganz normale Chaos der Liebe (Frankfurt a. M. 1990).

4 P. Henrici, „... wie auch wir vergeben unseren Schuldigern". Philosophische Überlegungen zum Bußsakrament, in: Ders., Glauben – Denken – Leben. Gesammelte Aufsätze (Köln 1993) 119–139, zit. 135.

5 Johannes Paul II., Incarnationis mysterium, Nr. 1.

6 Johannes Paul II., Tertio millennio adveniente, Nr. 55.

7 Johannes Paul II., Incarnationis mysterium, Nr. 3.

8 Lumen gentium, Nr. 32.

9 Sacrosanctum Concilium, Nr. 7.

10 Ebda., Nr. 10.

11 Ebda., Nr. 21.

12 Ebda., Nr. 7.

13 Ebda., Nr. 5.

14 J. Ratzinger, Eschatologie – Tod und ewiges Leben (Regensburg 1977) 167.

15 Nostra aetate, Nr. 2.

16 Ebda.

17 Johannes Paul II., Ecclesia de Eucharistia, Nr. 29.

18 Johannes Paul II., Ecclesia de Eucharistia, Nr. 1.

19 Johannes Paul II., Mane nobiscum domine, Nr. 29.

20 Ebda., Nr. 24.

21 Ebda., Nr. 27.

22 J. Cardinal Ratzinger, Auf Christus schauen. Die Gestalt Christi im Spiegel der Versuchungsgeschichte, in: Ders., Unterwegs zu Jesus Christus (Augsburg 2003) 79–102, zit. 86–87.

23 Lumen gentium, Nr. 40.

24 Johannes Paul II., Novo millennio ineunte, Nr. 30.

25 Johannes XXIII., Geistliches Tagebuch (Freiburg i. Br. 1964) 133.

26 J. Ratzinger / Benedikt XVI., Jesus von Nazareth (Freiburg i. Br. 2007) 104.

27 Benedikt XVI., Katechese bei der Generalaudienz am 15. März 2006, in: Insegnamenti di Benedetto XVI II, 1 (Città del Vaticano 2007) 313–316.

28 Benedikt XVI., Predigt in der Eucharistiefeier auf dem Freigelände der Neuen Messe in München-Riem am 10. September 2006, in: Insegnamenti di Benedetto XVI. II, 2 2006 (Città del Vaticano 2007) 230–235, zit. 234.

Dritter Teil:
Dienst am Wort Gottes als Herzmitte der neuen Evangelisierung

1 Benedikt XVI., Ubicumque et semper vom 21. September 2010.

2 Augustinus, Sermo 239, 1.

3 P. M. Zulehner, Wie Musik zur Trauer ist eine Rede zur falschen Zeit. Wider den kirchlichen Wort-Durchfall (Ostfildern 1998) 15.

4 W. Kasper, Wort und Sakrament, in: Ders., Glaube und Geschichte (Mainz 1970) 285–310, zit. 310.

5 W. Kardinal Kasper, Kirche – wohin gehst du? in: Ders./A. Biesinger / A. Kothgasser (Hrsg.), Weil Sakramente Zukunft haben. Neue Wege der Initiation in Gemeinden (Ostfildern 2008) 158–175, zit. 167.

6 Sacrosanctum Concilium, Nr. 35.

7 H. Heine, Geschichte der Religion und Philosophie in Deutschland. Vorrede zur 2. Auflage, in: Sämtliche Schriften. Band 5 (München 1976) 511.

8 Dei Verbum, Nr. 21.

9 Benedetto XVI, La parola deve tradursi in gesti di amore. La concelebrazione eucaristica a conclusione della XII assemblea generale ordinaria del Sinodo dei Vescovi, in: Insegnamenti di Benedetto XVI IV, 2 2008 (Città del Vaticano 2009) 546–551, cit. 550.

10 R. Nardin (Ed.), L'Eucaristia: fonte e culmine della vita e della missione della Chiesa. XI Assemblea Generale Ordinaria del Sinodo dei Vescovi (Città del Vaticano 2008).

11 N. Eterovic (Hrsg.), La Parola di Dio nella vita e nella missione della Chiesa. XII Assemblea Generale Ordinaria del Sinodo dei Vescovi (Città del Vaticano 2011).

12 C. M. Martini, Die Bischofssynode über das Wort Gottes, in: Stimmen der Zeit 133 (2008) 291–296, zit. 291.

13 Benedikt XVI., Verbum Domini, Nr. 7.

14 J. Kardinal Ratzinger, Aus meinem Leben. Erinnerungen (Stuttgart 1998) 84.

15 Ebda.

16 J. Ratzinger, Die Geschichtstheologie des heiligen Bonaventura (München 1955). Die erstmals integral publizierte Habilitationsschrift liegt jetzt vor im zweiten Band der Gesammelten Schriften von Joseph Ratzinger: Offenbarungsverständnis und Geschichtstheologie Bonaventuras, in: Joseph Ratzinger, Gesammelte Schriften. Band 2 (Freiburg i. Br. 2009) 53–659. Vgl. dazu M. Schlosser/F.-X. Heibl (Hrsg.), Gegenwart der Offenbarung. Zu den Bonaventura-Forschungen Joseph Ratzingers = Ratzinger-Studien. Band 2 (Regensburg 2010).

17 H. Verweyen, Ein unbekannter Ratzinger. Die Habilitationsschrift von 1955 als Schlüssel zu seiner Theologie (Regensburg 2010).

18 Vgl. J. Ratzinger, Bemerkungen zum Schema „de fontibus revelationis", in: R. Voderholzer / Ch. Schaller / F. X. Heibl (Hrsg.), Mitteilungen des Institut Papst Benedikt XVI. Band 2 (Regensburg 2009) 36–48, zit. 41.

19 Ebda. 37.

20 Th. Söding, Gotteswort durch Menschenwort. Das Buch der Bücher und das Leben der Menschen, in: K.-H. Kronawitter /M. Langer (Hrsg.), Von Gott und der Welt. Ein theologisches Lesebuch (Regensburg 2008) 212–223, zit. 219.

21 J. Ratzinger, Das geistliche Amt und die Einheit der Kirche, in: Ders., Das neue Volk Gottes. Entwürfe zur Ekklesiologie (Düsseldorf 1969) 105–129, zit. 106.

22 G. Lohfink, Bibel Ja – Kirche nein? Kriterien richtiger Bibelauslegung (Bad Tölz 2004) 117.

23 E. Käsemann, Begründet der neutestamentliche Kanon die Einheit der Kirche? in: Ders., Exegetische Versuche und Besinnungen I (Göttingen 1960) 214–223.

24 I. Frank, Der Sinn der Kanonbildung (Freiburg i. Br. 1971) 204.

25 Vgl. Th. Söding, Einheit der Heiligen Schrift? Zur Theologie des biblischen Kanons (Freiburg i. Br. 2005).

26 J. Kardinal Ratzinger, Zur Gemeinschaft gerufen. Kirche heute verstehen (Freiburg i. Br. 1991) 65.

27 H. Schütte, Protestantismus heute. Ökumenische Orientierung (Paderborn 2004) 70.

28 Dei Verbum, Nr. 10.

29 J. Ratzinger, Kommentar zu These VI, in: Internationale Theologenkommission, Die Einheit des Glaubens und der theologische Pluralismus (Einsiedeln 1973) 36–42, zit. 41.

30 Benedikt XVI., Verbum Domini, Nr. 52.

31 Predigten, Ansprachen und Grußworte im Rahmen der Apostolischen Reise von Papst Benedikt XVI. nach Köln anlässlich des XX. Weltjugendtages 14. September 2005 = Verlautbarungen des Apostolischen Stuhls 169 (Bonn 2005) 69–70.

32 J. Ratzinger – Benedikt XVI., Jesus von Nazareth. Zweiter Teil: Vom Einzug in Jerusalem bis zur Auferstehung (Freiburg i. Br. 2011) 117.

33 J. Ratzinger, Der Primat des Papstes und die Einheit des Gottesvolkes, in: Ders. (Hrsg.), Dienst an der Einheit. Zum Wesen und Auftrag des Petrusamts (Düsseldorf 1978) 165–179, zit. 171.

34 Ebda. 170.

35 E. Dassmann, Ämter und Dienste in den frühchristlichen Gemeinden (Bonn 1994) 230.

36 Irenäus von Lyon, Adversus haereses 4, 32, 8. Vgl. dazu A. Merkt, „Amt der Tradition" und „Charisma der Wahrheit". Die theologische Bedeutung der apostolischen Sukzession bei Irenäus von Lyon und Augustinus, in: Communio. Internationale katholische Zeitschrift 40 (2011) 221–233.

37 E. L. Ehrlich, Altes Testament oder Hebräische Bibel? Haben Christen und Juden eine gemeinsame Heilige Schrift? in: „Was uns trennt, ist die Geschichte". Ernst Ludwig Ehrlich – Vermittler zwischen Juden und Christen. Hrsg. von H. Heinz / H. H. Henrix (München 2008) 146–153, zit. 147.

38 H. de Lubac, Die göttliche Offenbarung. Kommentar zum Vorwort und zum Ersten Kapitel der Dogmatischen Konstitution „Dei Verbum" des Zweiten Vatikanischen Konzils (Einsiedeln 2001) 251.

39 Th. Söding, Gotteswort durch Menschenwort. Das Buch der Bücher und das Leben der Menschen, in: K.-H. Kronawitter / M. Langer (Hrsg.), Von Gott und der Welt. Ein theologisches Lesebuch (Regensburg 2008) 216.

40 Dei Verbum, Nr. 12.

41 H. Schlier, Kurze Rechenschaft, in: Ders., Der Geist und die Kirche. Exegetische Aufsätze und Vorträge. Hrsg. von V. Kubina und K. Lehmann (Freiburg i. Br. 1980) 270–289, zit. 274–275.

42 J. Kardinal Ratzinger, Theologie und Kirche, in: Communio. Internationale katholische Zeitschrift 15 (1986) 515–533, zit. 525.

43 J. Cardinal Ratzinger, Geleitwort, in: H. Schlier, Der Geist und die Kirche. Exegetische Aufsätze und Vorträge. Hrsg. von V. Kubina und K. Lehmann (Freiburg i. Br. 1980) VII–X, zit. IX.

44 H. Schlier, Die Verantwortung der Kirche für den theologischen Unterricht, in: Ders., Der Geist und die Kirche. Exegetische Aufsätze und Vorträge. Hrsg. von V. Kubina und K. Lehmann (Freiburg i. Br. 1980) 241–250, zit. 241.

45 J. Kardinal Ratzinger, Theologie und Kirche, in: Communio. Internationale katholische Zeitschrift 15 (1986) 515–533, zit. 515.

46 J. Cardinal Ratzinger, Vorwort, in: Ders. (Hrsg.), Schriftauslegung im Widerstreit (Freiburg i. Br. 1989) 7–13, zit. 11.

47 Dei Verbum. Nr. 12.

48 J. S. Drey, Kurze Einleitung in das Studium der Theologie mit Rücksicht auf den wissenschaftlichen Standpunkt und das katholische System 1819, § 160, in: M. Kessler und M. Seckler (Hrsg.), Theologie, Kirche, Katholizismus. Beiträge zur Programmatik der Katholischen Tübinger Schule (Tübingen 2003) 261.

49 J. Ratzinger / Benedikt XVI., Jesus von Nazareth. Erster Teil: Von der Taufe im Jordan bis zur Verklärung (Freiburg i. Br. 2007); Zweiter Teil: Vom Einzug in Jerusalem bis zur Auferstehung (Freiburg i. Br. 2011).

50 Benedikt XVI., Reflexionen zur Bibelexegese. Intervention an der Bischofssynode am 14. Oktober 2008, zitiert in: Verbum Domini, Nr. 35.

51 Vgl. B. Körner, Die Bibel als Wort Gottes auslegen. Historisch-kritische Exegese und Dogmatik (Würzburg 2011).

52 J. Cardinal Ratzinger, Perspektiven der Priesterausbildung heute, in: Ders. u. a., Unser Auftrag. Besinnung auf den priesterlichen Dienst (Würzburg 1990) 11–38, zit. 28.

53 W. Kirchschläger, „Wort des lebendigen Gottes". Wer spricht in der Bibel? in: W. Kirchschläger (Hrsg.), Christlicher Glaube – überholt? (Zürich 1993) 47–65.

54 Benedikt XVI., Eröffnungsansprache beim Ad Limina-Besuch der Schweizer Bischöfe am 7. November 2006, in: A. Cattaneo (Hrsg.), Gott ins Zentrum stellen. Worte von Papst Benedikt XVI. an die Kirche in der Schweiz (Freiburg / Schweiz 2007) 19–26, zit. 21.

55 W. Kirchschläger, Das Wort Gottes feiern (Manuskript 2008) 10.

56 P.-W. Scheele, Wort des Lebens. Eine Theologie des Wortes (Würzburg 2007).

57 Hieronymus, Prolog zum Jesajakommentar, in: Patrologia Latina 24, 17.

58 J. Ratzinger, Die erste Sitzungsperiode des Zweiten Vatikanischen Konzils. Ein Rückblick (Köln 1963) 60.

59 W. Kardinal Kasper, Wegweiser Ökumene und Spiritualität (Freiburg i. Br. 2007) 24.

60 H. Heine, Geschichte der Religion und Philosophie in Deutschland. Vorrede zur 2. Auflage, in: Sämtliche Schriften. Band 5 (München 1976) 511.

61 J. Ratzinger, „Aufbauen zu einem geistigen Haus". Eine Betrachtung zu 1 Petr 2,5, in: J. Ratzinger, Gesammelte Schriften. Band 12: Künder des Wortes und Diener eurer Freude. Theologie und Spiritualität des Weihesakramentes (Freiburg i. Br. 2010) 422–431, zit. 428.

62 J. Haas, Christus-Träger Kardinal Julius Döpfner. Kardinal Joseph Ratzinger erinnert an seinen Vorgänger als Erzbischof von München (Eichstätt 2005) 6.

63 Presbyterorum ordinis, Nr. 4.

64 J. Cardinal Ratzinger, Perspektiven der Priesterausbildung heute, in: J. Cardinal Ratzinger, Bischof Paul-Werner Scheele u. a., Unser Auftrag. Besinnung auf den priesterlichen Dienst (Würzburg 1990) 11–38, zit. 25.

65 G. Greshake, Die Wirklichkeit Gottes als Mitte priesterlichen Seins und Handelns, in: Korrespondenzblatt des Canisianums 132 (1998/99) 2–11, zit. 2.

66 Zit. bei H. Windisch, Laien-Priester. Rom oder der Ernstfall. Zur „Instruktion zu einigen Fragen über die Mitarbeit der Laien am Dienst der Priester" (Würzburg 1998) 55.

67 O. Cullmann, Das Gebet im Neuen Testament (Tübingen 1994).

68 Vgl. K. Koch, Gemeinsam dem Evangelium dienen. Ekklesiologische Perspektiven des Ordenslebens in der Sendung der Kirche, in: I. Asimakis (Ed.), Donorum commutatio. Studi in onore dell'arcivescovo Iannis Spiteris per il suo 70mo genetliaco (Thessaloniki 2010) 237–262.

69 Zit. bei G. Alberigo, Karl Borromäus. Geschichtliche Sensibilität und pastorales Engagement (Münster 1995) 39–40.

70 Acta Ecclesiae Mediolanensis (Milano 1599) 1177 f.: Brevierlesung am 4. November.

71 In seinem Dekret über Dienst und Leben der Priester hat das Konzil die Verkündigung des Evangeliums in analoger Weise auch den Priestern ans Herz gelegt: „Das Volk Gottes wird an erster Stelle geeint durch das Wort des lebendigen Gottes, das man mit Recht vom Priester abverlangt. Da niemand ohne Glaube gerettet werden kann, ist die erste Aufgabe der Priester als Mitarbeiter der Bischöfe, allen die frohe Botschaft Gottes zu verkünden" (Presbyterorum ordinis, Nr. 4).

72 Lumen gentium, Nr. 25.

73 Paul VI., Evangelii nuntiandi, Nr. 14.

74 Johannes Paul II., Novo millennio ineunte, Nr. 40.

75 J. Ratzinger, Menschenfischer. Primizpredigt für Franz Niegel in Berchtesgaden am 4. Juli 1954, in: R. Voderholzer / Ch. Schaller / F.-X. Heibl (Hrsg.), Mitteilungen Institut Papst Benedikt XVI. 2 / 2009 (Regensburg 2009) 21–25.

76 Benedetto XVI, Un servizio alla gioia di Dio che vuol fare il suo ingresso nel mondo. Omelia durante la solenne concelebrazione eucaristica per l'assunzione del ministero petrino il 24 aprile 2005, in: Insegnamenti di Benedetto XVI I 2005 (Città del Vaticano 2006) 20–26, zit. 22.

77 Johannes Paul II., Novo millennio ineunte, Nr. 40.

Kurt Koch
Dass alle eins seien
Ökumenische Perspektiven

Kurt Koch nimmt eine ehrliche Standortbestimmung der Ökumene vor und sucht nach neuen Wegen in eine ökumenische Zukunft. In seinem Buch gelingt Koch eine ebenso aktuelle wie kenntnisreiche Darstellung der vieldiskutierten ökumenischen Stolperschwellen.
Ein Buch, das allen an der Ökumene Interessierten neue Impulse geben kann.

ISBN: 978-3-936484-76-2
Geb., 176 Seiten

www.sankt-ulrich-verlag.de Sankt Ulrich Verlag